Die Ausstellungen stehen unter der Schirmherrschaft von Bundespräsident Frank-Walter Steinmeier.

Anhang

Werliste

Kat.-Nr. 1
Pablo Picasso
Traum und Lüge Francos
8. Januar 1937
Aquatinta-Radierung
38,4 × 57,1 cm
Kunsthalle Bielefeld

Kat.-Nr. 2
Pablo Picasso
Traum und Lüge Francos
8.–9. Januar und 17. Juni 1937
Aquatinta-Radierung
38,4 × 56,8 cm
Kunsthalle Bielefeld

Kat.-Nr. 3
Dora Maar (gebürtig Henriette
Théodora Markovitch)
Picasso bei der Arbeit an dem
Gemälde »Guernica« im Atelier in
der rue des Grands-Augustins, Paris
Mai-Juni 1937
Fotografie (Silbergelatine-Abzug)
20,7 × 20,2 cm
Alte Sammlung Dora Maar
MP1998-280
Musée national Picasso-Paris

Kat.-Nr. 4
Dora Maar (gebürtig Henriette
Théodora Markovitch)
Das Ölgemälde »Guernica«
während der Ausarbeitung,
1. Zustand, im Atelier in der rue
des Grands-Augustins, Paris
Mai 1937
Fotografie (Silbergelatine-Abzug)
20,7 × 29,6 cm
Alte Sammlung Dora Maar
MP1998-270
Musée national Picasso-Paris

ohne Abbildung
Dora Maar (gebürtig Henriette
Théodora Markovitch)
Das Ölgemälde »Guernica«
während der Ausarbeitung,
1. Zustand, im Atelier in der rue
des Grands-Augustins, Paris
Mai 1937
Fotografie (Silbergelatine-Abzug)
20,5 × 29,9 cm
Alte Sammlung Dora Maar
MP1998-271
Musée national Picasso-Paris

Kat.-Nr. 5
Dora Maar (gebürtig Henriette
Théodora Markovitch)
Das Ölgemälde »Guernica«
während der Ausarbeitung,
2. Zustand, im Atelier in der rue
des Grands-Augustins, Paris
Mai-Juni 1937
Fotografie (Silbergelatine-Abzug)
20,1 × 29,3 cm
Alte Sammlung Dora Maar
MP1998-272
Musée national Picasso-Paris

Kat.-Nr. 6
Dora Maar (gebürtig Henriette
Théodora Markovitch)
Das Ölgemälde »Guernica«
während der Ausarbeitung,
Ende 2. Zustand, im Atelier in der
rue des Grands-Augustins, Paris
Mai-Juni 1937
Fotografie (Silbergelatine-Abzug)
24,1 × 30,5 cm
Alte Sammlung Dora Maar
MP1998-274
Musée national Picasso-Paris

Kat.-Nr. 7
Dora Maar (gebürtig Henriette
Théodora Markovitch)
Das Ölgemälde »Guernica«
während der Ausarbeitung,
3. Zustand, im Atelier in der rue
des Grands-Augustins, Paris
Mai-Juni 1937
Fotografie (Silbergelatine-Abzug)
20,7 × 29,4 cm
Alte Sammlung Dora Maar
MP1998-275
Musée national Picasso-Paris

Kat.-Nr. 8
Dora Maar (gebürtig Henriette
Théodora Markovitch)
Das Ölgemälde »Guernica«
während der Ausarbeitung,
5. Zustand, im Atelier in der rue
des Grands-Augustins, Paris
Mai-Juni 1937
Fotografie (Silbergelatine-Abzug)
20,3 × 30,1 cm
Alte Sammlung Dora Maar
MP1998-277
Musée national Picasso-Paris

Kat.-Nr. 9
Dora Maar (gebürtig Henriette
Théodora Markovitch)
Das Ölgemälde »Guernica«
während der Ausarbeitung,
6. Zustand, im Atelier in der rue
des Grands-Augustins, Paris
Mai-Juni 1937
Fotografie (Silbergelatine-Abzug)
24 × 30,5 cm
Alte Sammlung Dora Maar
MP1998-276
Musée national Picasso-Paris

Kat.-Nr. 10
Dora Maar (gebürtig Henriette
Théodora Markovitch)
Das Ölgemälde »Guernica«
während der Ausarbeitung,
8. Zustand, im Atelier in der rue
des Grands-Augustins, Paris
Mai-Juni 1937
Fotografie (Silbergelatine-Abzug)
24,2 × 30,4 cm
Alte Sammlung Dora Maar
MP1998-278
Musée national Picasso-Paris

Kat.-Nr. 11
Tatjana Doll
RIP_Im Westen Nichts Neues II
2009
Lackfarbe auf Leinwand
Galerie Gebr. Lehmann, Dresden

Kat.-Nr. 12
Renata Jaworska
119-minute circle. The international
congress at the Whitechapel Gallery
2010
Videofilm
Leihgabe der Künstlerin

Kat.-Nr. 13
Pablo Picasso
Mann mit Schaf
Februar-März 1943
Bronze
222,5 × 78 × 78 cm
Schenkung 1979
MP331
Musée national Picasso-Paris

ohne Abbildung
Pablo Picasso
Stehender Mann
1942
Bronze
18,5 × 7 × 5 cm
Schenkung 1979
MP320
Musée national Picasso-Paris

Kat.-Nr. 14
Pablo Picasso
»Paris 14 Juli 42.«
Um 1945
Radierung: Grabstichel, Polierstahl
und direkte Ätzung auf Kupfer
45,5 × 65 cm
Kunstmuseum Pablo Picasso Münster

Kat.-Nr. 15
Pablo Picasso
»Paris 14 Juli 42.«
Um 1945
Lithografie von der Radierung
auf Zink, umgedruckt auf Zink
50,2 × 65,8 cm
Kunstmuseum Pablo Picasso Münster

Kat.-Nr. 16
Pablo Picasso
Die Taube
9. Januar 1949
Lithografie
56,7 × 76,3 cm
Kunstmuseum Pablo Picasso Münster

Kat.-Nr. 17
Plakat für den Weltfriedenskongress
in Wien
12.–18. Dezember 1952
120 × 80 cm
Staatliche Museen zu Berlin,
Kunstbibliothek

Kat.-Nr. 18
Pablo Picasso
Die fliegende Taube
9. Juli 1959
Lithografie
56,3 × 76,5 cm
Kunstmuseum Pablo Picasso Münster

Kat.-Nr. 19
Pablo Picasso
Der Flug der Taube
9. Juli 1959
Lithografie
56,9 × 76,3 cm
Kunstmuseum Pablo Picasso Münster

Kat.-Nr. 20
Pablo Picasso
Die Taube im Flug
9. Juli 1959
Lithografie
56,6 × 76,3 cm
Kunstmuseum Pablo Picasso Münster

Kat.-Nr. 21
Pablo Picasso
Die Taube im Flug, schwarzer Grund
9. Juli 1959
Lithografie
50,4 × 66,1 cm
Kunstmuseum Pablo Picasso Münster

Kat.-Nr. 22
Pablo Picasso
Das Antlitz des Friedens
10. September 1951
Lithografie, 1. Version
44,4 × 32,4 cm
Kunstmuseum Pablo Picasso Münster

Kat.-Nr. 23
Pablo Picasso
Das Antlitz des Friedens
29. September 1951
Lithografie, 2. Version
45 × 32,6 cm
Kunstmuseum Pablo Picasso Münster

Kat.-Nr. 24
Pablo Picasso
Fliegende Taube
10. Oktober 1952
Lithografie
50,3 × 65,3 cm
Kunstmuseum Pablo Picasso Münster

Kat.-Nr. 25
Pablo Picasso
Fliegende Taube (im Regenbogen)
10. Oktober 1952
Lithografie
54,6 × 71 cm
Kunstmuseum Pablo Picasso Münster

Kat.-Nr. 26
Pablo Picasso
Die Taube im Regenbogen
23. Oktober 1952
Lithografie
55,2 × 74,7 cm
Kunstmuseum Pablo Picasso Münster

Kat.-Nr. 27
Pablo Picasso
Die Taube im Regenbogen
23. Oktober 1952
Lithografie
55,2 × 74,7 cm
Kunstmuseum Pablo Picasso Münster

Kat.-Nr. 28
Pablo Picasso
Die verschränkten Hände I
25. September 1952
Lithografie
50,2 × 65,5 cm
Kunstmuseum Pablo Picasso Münster

Kat.-Nr. 29
Pablo Picasso
Die verschränkten Hände II
25. September 1952
Lithografie
50,2 × 65,5 cm
Kunstmuseum Pablo Picasso Münster

Kat.-Nr. 30
Pablo Picasso
Die verschränkten Hände III
25. September 1952
Lithografie
50,2 × 65,5 cm
Kunstmuseum Pablo Picasso Münster

Kat.-Nr. 31
Pablo Picasso
Die verschränkten Hände IV
25. September 1952
Lithografie
50,2 × 65,5 cm
Kunstmuseum Pablo Picasso Münster

Kat.-Nr. 32
Pablo Picasso
Ein Paar
1950
Tusche auf Papier
26,8 × 21 cm
Musée d'art et d'histoire Saint-Denis,
Paris

Kat.-Nr. 33
Pablo Picasso
Ein Paar mit einer Girlande
1950
Tusche auf Papier
46,3 × 74,7 cm
Musée d'art et d'histoire Saint-Denis,
Paris

Kat.-Nr. 34
Pablo Picasso
Jugend
23. Mai 1950
Lithografie, 1. Zustand
56,5 × 77 cm
Kunstmuseum Pablo Picasso Münster

Kat.-Nr. 35
Pablo Picasso
Jugend
23. Mai 1950
Lithografie, 2. Zustand
56,5 × 76 cm
Kunstmuseum Pablo Picasso Münster

Kat.-Nr. 36
Pablo Picasso
Jugend
23. Mai 1950
Lithografie
56,3 × 76,5 cm
Kunstmuseum Pablo Picasso Münster

Kat.-Nr. 37
Internationales Jugendtreffen für
ein weltweites Atomwaffenverbot
1950
Plakat
118 × 77 cm
Staatliche Museen zu Berlin,
Kunstbibliothek

Kat.-Nr. 38
Pablo Picasso
Tuch für das Weltfestival der Jugend
und Studenten für den Frieden
in Ostberlin
1951
Farbdruck auf Baumwolle
89,5 × 82 cm
Musée d'art et d'histoire Saint-Denis,
Paris

Kat.-Nr. 39
Karl-Heinz Drescher
Theaterplakat Berliner Ensemble, DDR
Deutsche Demokratische Republik,
Brecht, Der unaufhaltsame Aufstieg
des Arturo Ui, Leben des Galilei
1972
81 × 57,3 cm
Museum Folkwang, Deutsches Plakat
Museum

Kat.-Nr. 40
Pablo Picasso
Lang lebe der Frieden oder
Der Friedenskreis
1954
Tusche auf Papier
66,5 × 55,9 cm
Musée d'art et d'histoire Saint-Denis,
Paris

Kat.-Nr. 41
Pablo Picasso
Die Friedenstaube, Mann hinter
Gittern
1959
Farblithografie
103,8 × 82,8 cm
Musée d'art et d'histoire Saint-Denis,
Paris

Kat.-Nr. 42
Pablo Picasso
Taube mit Ölzweig
1961
Farblithografie
50,5 × 66 cm
Musée d'art et d'histoire Saint-Denis,
Paris

Kat.-Nr. 43
Pablo Picasso
Taube – Abrüstung
1962
Farblithografie
58,8 × 75,8 cm
Musée d'art et d'histoire Saint-Denis,
Paris

Kat.-Nr. 44
Plakat 1. September Friedenstag, DDR
Wir bekennen uns zum Frieden
1949
84 × 59,5 cm
Museum Folkwang, Deutsches Plakat
Museum

Kat.-Nr. 45
Peter Palitzsch
Theaterplakat Berliner Ensemble, DDR
Willkommen beim Berliner Ensemble
am Bertolt-Brecht-Platz
1981
114,5 × 81 cm
Museum Folkwang, Deutsches Plakat Museum

Kat.-Nr. 46
Pablo Picasso
Friedenstaube
1950
Bleistift auf Papier
46,3 × 74,7 cm
Musée d'art et d'histoire Saint-Denis, Paris

Kat.-Nr. 47
Pablo Picasso
Hommage an Juri Gagarin
16. April 1961
Bleistiftzeichnung
33 × 41,7 cm
Schenkung 1979
MP1531
Musée national Picasso-Paris

Kat.-Nr. 48
Pablo Picasso
Hahn mit Lothringerkreuz vor Tricolore
1945
Tusche auf Pergamentpapier
32,2 × 26 cm
Schenkung 1979
MP1336
Musée national Picasso-Paris

Kat.-Nr. 49
Pablo Picasso
Der schwarze Krug und der Totenkopf
20. Februar 1946
Lithografie
32,4 × 44,4 cm
Kunstmuseum Pablo Picasso Münster

Kat.-Nr. 50
Pablo Picasso
Komposition mit Schädel
20. Februar 1946
Lithografie
56,8 × 76,9 cm
Kunstmuseum Pablo Picasso Münster

Kat.-Nr. 51
Pablo Picasso
Der Krieg
1968
Lithografie
42,3 × 52,2 cm
Kunstmuseum Pablo Picasso Münster

Kat.-Nr. 52
March against Death/
March on Washington
Anti-Vietnamkriegsplakat
1969
38 × 59,2 cm
Kunstmuseum Pablo Picasso Münster

Kat.-Nr. 53
Pablo Picasso
Krieg und Frieden
10. Februar 1954
Lithografie
39,6 × 29,2 cm
Kunstmuseum Pablo Picasso Münster

Impressum

Diese Publikation erscheint anlässlich der Ausstellung

Picasso – Von den Schrecken des Krieges zur Friedenstaube

28. April – 2. September 2018

im Kunstmuseum Pablo Picasso Münster

im Rahmen der Ausstellungskooperation

**Frieden.
Von der Antike bis heute**

LWL-Museum für Kunst und Kultur
Bistum Münster
Archäologisches Museum der WWU Münster
Kunstmuseum Pablo Picasso Münster
Stadtmuseum Münster

Das Kunstmuseum Pablo Picasso Münster ist als Stiftung von den Sparkassen in Westfalen-Lippe, der Westdeutschen Landesbank Girozentrale, den Westfälischen Provinzial-Versicherungen sowie den Eheleuten Gert und Jutta Huizinga gegründet worden.

**Kunstmuseum
Pablo Picasso Münster**
Picassoplatz 1
48143 Münster
Tel. 0251/414 47-10
Fax 0251/414 47-77
E-mail: info@picassomuseum.de
www.kunstmuseum-picasso-muenster.de

© 2018 Sandstein Verlag, Dresden;
Kunstmuseum Pablo Picasso Münster;
die Autoren

Herausgeber
Markus Müller für das Kunstmuseum Pablo Picasso Münster

Redaktion
Alexander Gaude

Autoren
Alexander Gaude und Markus Müller

Lektorat
Christine Jäger-Ulbricht,
Sandstein Verlag

Gestaltung
Michaela Klaus, Jana Felbrich,
Joachim Steuerer, Annett Stoy,
Jacob Stoy, Sandstein Verlag

Satz und Reprografie
Gudrun Diesel, Katharina Stark,
Jana Neumann, Sandstein Verlag

Druck und Verarbeitung
Westermann Druck Zwickau GmbH

Die Deutsche Nationalbibliothek verzeichnet diese Publikation in der Deutschen Nationalbibliografie; detaillierte bibliografische Daten sind im Internet über http://dnb.ddb.de abrufbar.

Dieses Werk einschließlich seiner Teile ist urheberrechtlich geschützt. Jede Verwertung außerhalb der engen Grenzen des Urheberrechtsgesetzes ist ohne Zustimmung des Verlages unzulässig und strafbar.
Das gilt insbesondere für die Vervielfältigung, Übersetzungen, Mikroverfilmungen und die Einspeicherung und Verarbeitung in elektronischen Systemen.

www.sandstein-verlag.de
ISBN 978-3-95498-386-5

Gedruckt mit großzügiger Unterstützung der

Bildnachweis

Für die Werke von Pablo Picasso: ©Succession Picasso/VG Bild-Kunst, Bonn 2018; Für die Werke von Henri Matisse: ©Succession H. Matisse/VG Bild-Kunst, Bonn 2018; Für die Werke von André Breton: Arno Breker, Tatjana Doll, Renata Jaworska und Dora Maar: ©VG Bild-Kunst, Bonn 2018; ©David Douglas Duncan

Fotonachweise
©David Douglas Duncan/Kunstmuseum Pablo Picasso Münster, S. 2–4, 10, 88, 113; ©bpk/Hans Hubmann, S. 12; ©Philipp Ottendörfer/Kunsthalle Bielefeld, S. 14–15; ©bpk/Coll. Michel Lefebvre/adoc-photos, S. 18; bpk/RMN-Grand Palais/Dora Maar, S. 19, 22–25; ©bpk/Alfredo Dagli Orti, S. 19–20; ©Tatjana Doll/Galerie Gebr. Lehmann, S. 28–29; ©Renata Jaworska, S. 30; ©bpk/RMN-Grand Palais/Adrien Didierjean/Adrien Didierjean, Cover, Backcover, S. 33; ©Kunstmuseum Pablo Picasso Münster, S. 34–35, 46, 50–55, 58–65, 72–72, 94–95, 104–106; ©bpk/RMN-Grand Palais/Maurice Ferrier, S. 44; ©Staatliche Museen zu Berlin, Kunstbibliothek, S. 49, 75; ©Musée d'art et d'histoire Saint-Denis/Irène Andréani, S. 70–71, 76, 78–81, 84–85; ©Museum Folkwang Essen – ARTOTHEK, S. 77, 82–83; ©bpk/RMN-Grand Palais/Mathieu Rabeau, S. 92; ©bpk/RMN-Grand Palais/image RMN-GP, S. 9; ©bpk, S. 97; Robert Capa ©ICP/Magnum Photos/Agentur Focus, S. 97; ©bpk/CNAC-MNAM/Christian Bahier/Philippe Migeat, S. 101; ©2018. Photo Scala, Florence, S. 102; ©bpk/Félicien Faillet, S. 109

Sollte es trotz intensiver Nachforschungen nicht gelungen sein, die Inhaber der Rechte zu ermitteln, werden berechtigte Ansprüche im Rahmen der üblichen Vereinbarungen abgegolten.

Unser Dank gilt

Laurent Le Bon, Colline Zellal und Sarah Lagrevol (Musée national Picasso-Paris), Sylvie Gonzalez, Catherine Bourgarel und Elsa Tilly (Musée d'art et d'histoire Saint-Denis, Paris), Dr. Friedrich Meschede, Dr. Jutta Hülsewig-Johnen, Dr. Henrike Mund und Hannelore Wahl (Kunsthalle Bielefeld), Prof. Dr. Michael Eissenhauer, Dr. Joachim Brand, Katrin Käding und Thomas Gladisch (Staatliche Museen zu Berlin, Stiftung Preußischer Kulturbesitz), Dr. Tobia Bezzola und René Grohnert (Museum Folkwang Essen), Frank Lehmann und Jörg Goedecke (Galerie Gebr. Lehmann, Dresden), Tatjana Doll und Renata Jaworska, Norbert Ludwig (bpk-Bildagentur), Yolande Boulade (Réunion des Musées Nationaux-Grand Palais) sowie allen Kolleginnen und Kollegen im Sandstein Verlag, im Archäologischen Museum und im Exzellenzcluster »Religion und Politik« der Westfälischen Wilhelms-Universität Münster, im Bistum Münster, im Stadtmuseum Münster, im LWL-Museum für Kunst und Kultur Münster und im Kunstmuseum Pablo Picasso Münster.

Ausstellungskooperation

Förderer des Kooperationsprojekts

Ein Grund zum Feiern?

MÜNSTER UND
DER WESTFÄLISCHE FRIEDEN

———

HERAUSGEGEBEN VON BARBARA ROMMÉ
STADTMUSEUM MÜNSTER

SANDSTEIN VERLAG

INHALT

5 **Grußwort**
Markus Lewe
Oberbürgermeister der Stadt Münster

6 **Vorwort**
Barbara Rommé
Direktorin des Stadtmuseums Münster

Barbara Stollberg-Rilinger
9 **Der Westfälische Frieden**

Barbara Rommé
21 **Kein Grund zum Feiern!**
Gedenken anlässlich des 100. und 200. Jubiläums des Friedensschlusses 1748 und 1848

Axel Schollmeier
31 **1898**
Die Stadt Münster und das 250. Jubiläum des Westfälischen Friedens

Bernd Thier
49 **»Westfälischer Zwangsfriede«**
Der Blick auf den Westfälischen Frieden in Münster während der nationalsozialistischen Herrschaft

Bernd Thier
59 **Pax optima rerum**
Das Gedenken an den Westfälischen Frieden im kriegszerstörten Münster 1948

69 **Literaturverzeichnis**

72 **Impressum
Katalogautoren
Bildnachweis**

Grußwort

MARKUS LEWE
OBERBÜRGERMEISTER DER STADT MÜNSTER

Die Stadt Münster beschäftigt sich auf vielfältige Weise mit dem Westfälischen Frieden, nicht nur im Bereich des Stadtarchivs Münster oder des Stadtmuseums Münster. Unter der Rubrik Münster Marketing findet man auf der Homepage die Überschrift »Stadt des Westfälischen Friedens: Geschichte verpflichtet«. Weiter heißt es: »Münster ist eine weltoffene Stadt, die auf mehr als 1200 Jahre Stadtgeschichte zurückblickt [...] Doch mit einem hat sich Münster in der Weltgeschichte einen Namen gemacht: Stadt des Westfälischen Friedens.« Und so ist dieses Thema eng verbunden mit dem europäischen Kulturerbe-Siegel, dem Preis des Westfälischen Friedens, den Dialogen zum Frieden und natürlich auch mit dem Stadtmuseum Münster, das ganzjährig die Geschichte der Stadt und selbstverständlich auch die des Westfälischen Friedens in den Mittelpunkt seiner Arbeit stellt.

Auf Initiative des Exzellenzclusters Religion und Politik der Westfälischen Wilhelms-Universität (WWU) haben sich fünf Museen in Münster zusammengeschlossen, um das Thema Frieden in den Mittelpunkt einer fünfteiligen Ausstellung zu stellen. Diese einzigartige Kooperation für eine große Friedensausstellung hat das LWL-Museum für Kunst und Kultur, das Kunstmuseum Pablo Picasso Münster, das Archäologische Museum der WWU, das Bistum Münster und das Stadtmuseum Münster zusammengeführt. Das Stadtmuseum Münster mit seiner Präsentation »Ein Grund zum Feiern? Münster und der Westfälische Frieden« widmet sich der Rezeptionsgeschichte des Westfälischen Friedens. 1898 gedachte Münster erstmals offiziell des epochalen Friedensschlusses, während er in den Jahrhunderten davor in Münster ein Schattendasein fristete. Dokumente aus dem Jahr 1940 zeigen, wie die Nationalsozialisten den 300. Jahrestag für ihre Zwecke missbrauchen wollten. Erst nach dem verlorenen Zweiten Weltkrieg und der Gedenkwoche von 1948 erfolgte eine Neubewertung des Friedensschlusses. Seitdem wird der Westfälische Frieden als europäischer Einigungsfrieden verstanden, und die Erinnerung an ihn ist fester Anlass im Veranstaltungskalender der Stadt Münster.

Wir freuen uns, dass so viele Sponsoren und Stiftungen das Projekt unterstützt haben und bedanken uns für dieses finanzielle Engagement: Europäisches Kulturerbejahr 2018 – Deutsches Nationalkomitee für Denkmalschutz bei der Beauftragten der Bundesregierung für Kultur und Medien, Land Nordrhein-Westfalen, Kulturstiftung der Länder, Kunst-Stiftung NRW, Friede Springer-Stiftung und zahlreiche Spender sowie Sponsoren aus der Wirtschaft.

Vorwort

BARBARA ROMMÉ
DIREKTORIN DES STADTMUSEUMS MÜNSTER

Eine umfassende Ausstellung über Frieden in Europa von der Antike bis heute ist eine große Herausforderung für ein einzelnes Museum. Seien die Motivation und die zur Verfügung stehenden Mittel und Räume auch noch so groß. Die Motivation, dieses Thema 100 Jahre nach dem Ende des Ersten Weltkriegs und 370 Jahre nach Abschluss des Westfälischen Friedens in Münster und Osnabrück trotz aller absehbaren Schwierigkeiten anzugehen, war enorm und hat zu einer außergewöhnlichen Bündelung der Kräfte geführt: In einem einzigartigen Schulterschluss haben sich fünf museale Institutionen in Münster in einer mehrjährigen Zusammenarbeit zusammengetan. Gemeinsam behandeln das Archäologische Museum der Universität Münster, das Bistum Münster, das Kunstmuseum Pablo Picasso Münster, das LWL-Museum für Kunst und Kultur sowie das Stadtmuseum Münster die große und vielschichtige Geschichte des Friedens. Aus unterschiedlichen Blickwinkeln beleuchtet die fünfteilige kunst- und kulturgeschichtliche Ausstellung das Thema über einen Zeitraum von mehr als zwei Jahrtausenden mit hochrangigen Exponaten aus deutschen und internationalen Sammlungen. Dank gilt dabei dem Exzellenzcluster »Religion und Politik« der WWU Münster, das bei der Ideenfindung und Konzeption beraten und das Projekt von Anfang an begleitet und unterstützt hat.

Jede der fünf Teilausstellungen trägt mit einem eigenen Schwerpunkt und eigenem Blickwinkel dazu bei, ein facettenreiches Bild zusammenzusetzen.

Ein Grund zum Feiern?
Wie das Fragezeichen in den Titel kam!

Die Rezeptionsgeschichte des Westfälischen Friedens hat das Stadtmuseum Münster seit der Gründung im Jahre 1979 intensiv beschäftigt. 1988 entstand z. B. im Zusammenhang mit einer Ausstellung der grundlegende Katalog »Die Friedensfreude auf Münzen und Medaillen«. Schon damals wurde deutlich, dass man in Münster die Erinnerung an den Westfälischen Frieden lange Zeit eher zurückhaltend gepflegt hatte. Seitdem wurde kontinuierlich an der Dokumentation der Rezeptionsgeschichte gearbeitet und die Sammlung erweitert. Bereits 1998 zur Ausstellung »30jähriger Krieg, Münster und der Westfälische Frieden« nahm der Teil zum Nachleben einen beträchtlichen Umfang ein. So liegt es auf der Hand, sich anlässlich des gemeinsamen Ausstellungsprojekts intensiver mit den Jubiläen des Westfälischen Friedens zu befassen. Die jahrzehntelange ertragreiche Beschäftigung mit diesem Thema verspricht eine spannende Ausstellung.

Der Vergleich mit anderen Städten, insbesondere den großen Reichsstädten in Süddeutschland macht deutlich, dass in der katholischen Stadt Münster der Westfälische Frieden zwar in den ersten 250 Jahren nicht vergessen wurde, dieser aber keine große Bedeutung innerhalb der Stadtgesellschaft gewann. Immer wieder durch Anstöße von außen, insbesondere durch hochrangige Besucher wurden die hinterlassenen »Altertümer« der Stadtgeschichte im Friedenssaal präsentiert, dann natürlich auch die Relikte aus der Zeit der Verhandlungen zum Westfälischen Frieden. Die Ereignisse rund um das Täuferreich 1534/35 fanden aber meist größere Aufmerksamkeit. Münster war eben die »Wiedertäuferstadt«, nicht die Stadt des Westfälischen Friedens.

Da bis 1898 nur ein zufälliges Gedenken an den Westfälischen Frieden stattfand, suchten wir für die ersten zwei Jubiläen 1748 und 1848 als Vergleichsorte Augsburg und Nürnberg aus, um zu verdeutlichen, dass es durchaus eine ausgeprägte Feierkultur andernorts gab. In Münster geschah nichts! Das 250. Jubiläum 1898 wurde zumindest schon stärker von offizieller münsterischer Seite beachtet, später planten die Nationalsozialisten 1940 sogar eine propagandistische Vereinnahmung. Vor dem Hintergrund des verlorenen Zweiten Weltkriegs und der zerstörten Stadt vergaß man den Frieden 1948 zum 300. Jubiläum nicht, sondern erinnerte an ihn mit einer aufwändigen Gedenkwoche. Erst in den 1950er Jahren kommt es zu einer Neubewertung des Westfälischen Friedens, der nun als europäischer Einigungsfrieden verstanden wurde. Aus dieser heterogenen Rezeptionsgeschichte in Münster resultiert das Fragezeichen im Titel der Ausstellung: So wird deutlich, dass der Abschluss des Westfälischen Friedens hier eben nicht zu allen Zeiten ein Anlass zum Feiern war.

Für die gemeinsame Erarbeitung der Konzeption der Ausstellung sei Herrn Dr. Axel Schollmeier und Herrn Dr. Bernd Thier herzlich gedankt. Frau Dr. Sabrina Leps, Frau Astrid Peterkord M. A. und Frau Janna Stupperich B. A. danke ich für die vielfältige Unterstützung und ihre Beiträge zum Katalog; ebenso gilt mein Dank allen Kolleginnen und Kollegen des Stadtmuseums Münster. Den Geldgebern des Gesamtprojekts sei für ihre Förderung gedankt! Insbesondere unserem kontinuierlichen Förderer, dem Förderverein Stadtmuseum Münster e. V., gilt mein Dank für die großzügige Unterstützung der Ausstellung.

Der Westfälische Frieden

BARBARA STOLLBERG-RILINGER

Das Rathaus der Stadt Münster ist ein Erinnerungsort des Westfälischen Friedens. Doch das, was man gemeinhin darunter versteht – die beiden Verträge zwischen dem Kaiser, Frankreich und Schweden nämlich, die den Dreißigjährigen Krieg 1648 beendeten – wurde nicht so geschlossen, wie man sich das meist vorstellt. Es gab weder einen kollektiven Friedensschwur der vielen Gesandten, deren Porträts im münsterischen Friedenssaal an der Wand hängen (Abb. 2), noch saßen hier alle Gesandten gemeinsam um einen Tisch herum, um den münsterischen Friedensvertrag zu unterzeichnen, und erst recht gab es hier kein gemeinsames Friedensmahl. Es war alles viel komplizierter.

In den Krieg, um dessen Beilegung es ging, waren fast alle europäischen Mächte mehr oder weniger tief verstrickt. Es handelte sich eigentlich nicht um *einen*, sondern um mehrere miteinander verknüpfte Kriege. Entzündet hatten sie sich zwar an einer akuten konfessionellen Polarisierung, doch sie lassen sich keineswegs allein auf religiöse Motive reduzieren. Vielmehr ging es immer zugleich um politische Macht und die Regeln der Herrschaftsteilhabe. Neben dem Streit um die Verfassung des Reiches und dem Streit zwischen den verfeindeten christlichen Konfessionen war der Krieg vor allem auch ein machtpolitischer Stellvertreterkrieg, den auswärtige Mächte auf deutschem Boden austrugen. Als die deutschen Fürsten sich längst untereinander und mit dem Kaiser auf einen verfassungspolitischen Kompromiss geeinigt hatten, ging der Krieg noch dreizehn Jahre weiter, ja er entfaltete überhaupt danach erst seine verheerendste Wirkung. Die auswärtigen Geister, die die Konfliktparteien gerufen hatten, wurden sie jahrelang nicht wieder los.

Dass der Krieg sich so lange hinzog, war auch der Art der Kriegführung geschuldet. Ähnlich wie wir es heute auch wieder erleben, waren die kriegführenden Akteure keine Staaten im heutigen Sinne. Es gab noch keine regelmäßigen festen Steuern und keine staatliche Militärorganisation. Die Heere waren nicht zentral finanziert, trainiert, ausgerüstet und verpflegt.

◀ Abb. 1
Detail aus dem Gemälde Kat.-Nr. 2

Die fürstlichen Kriegsherren beauftragten vielmehr »private« Unternehmer, die auf eigene Kosten Truppen aufstellten, weil sie sich vom Krieg Gewinn versprachen. Sie warben Kommandeure und diese wiederum einfache Söldner an, meist Männer, die in der Landwirtschaft keinen Lebensunterhalt mehr fanden. Sie alle wollten vom Krieg leben. Der Krieg musste sich lohnen. Deshalb waren große Feldschlachten die Ausnahme; die riesigen Heere wälzten sich vielmehr durch das Land und plünderten es aus. Solange die »Warlords« sich aber vom Krieg ernährten, hatten sie gar kein Interesse daran, ihn zu beenden.

So komplex und scheinbar endlos wie der Krieg waren auch die Friedensverhandlungen. Dass sie überhaupt zum Abschluss kamen, war in der Tat ein Wunder. Fünf Jahre lang waren die Augen Europas auf Münster und Osnabrück gerichtet. Die Aufgabe, die sich hier stellte, war ohne Beispiel. Denn einen allgemeinen Frieden, eine *pax universalis*, konnte es nur geben, wenn alle Beteiligten zu einem Ausgleich kamen. Es mussten sich also alle zu einem großen Gesamtkongress zusammenfinden. Das allerdings stellte eine ungeheure Herausforderung dar. Für einen so umfassenden Kongress gab es keine Verfahrensvorbilder. Das gesamte Prozedere musste erst nach und nach vorsichtig austariert werden, und es taten sich ständig neue Probleme auf. Das begann schon bei der Frage, wo man sich treffen sollte, und hörte bei der Entscheidung, wer überhaupt teilnehmen durfte, noch lange nicht auf.

Erschwerend kam hinzu: Während der ganzen Zeit schloss man nie einen Waffenstillstand. Vielmehr versuchten die Kriegsparteien die ganze Zeit über, ihre jeweiligen Positionen durch militärische Erfolge zu verbessern. Während der langen Jahre des Verhandelns, das 1643 allmählich begann, ging der Krieg also gleichzeitig ständig weiter, und Erfolge am Verhandlungstisch drohten jederzeit auf dem Schlachtfeld wieder zunichte gemacht zu werden.

Das Verhandeln wurde auch dadurch erschwert, dass es an zwei Orten stattfand: Mit den protestantischen Mächten verhandelten die Kaiserlichen und ihre Verbündeten in Osnabrück, mit den katholischen Mächten in Münster. Der päpstliche Nuntius, der als Vermittler auftrat, lehnte es aber ab, mit den evangelischen »Ketzern« überhaupt in Kontakt zu treten; einen gültigen Friedensvertrag konnte es mit ihnen nach päpstlichem Verständnis gar nicht geben. Andererseits waren die Verhandlungen an beiden Orten in der Sache aber voneinander abhängig. Alle Informationen mussten also stets durch reitende Boten hin- und hergetragen werden.

Alle Gesandtschaften mussten außerdem ständig schriftlich Kontakt zu ihren jeweiligen Herren zu Hause halten, denn Kaiser, Könige und Landesherren kamen nie in Person nach Westfalen. Sie statteten die Gesandten aber meist auch nicht mit der Vollgewalt aus, die eigentlich notwendig war, um unter schnell wechselnden Bedingungen effizient und zügig zu verhandeln. Viele Fürsten misstrauten ihren Gesandten und behielten sich die Entscheidungshoheit selbst vor, was angesichts der damaligen Verkehrsgeschwindigkeit das Entscheiden wiederum extrem behinderte.

Andererseits sollten die Gesandten in ihrem öffentlichen Auftreten auf Schritt und Tritt die Hoheit und den Rang ihres Herrn repräsentieren (Abb. 1). Denn Münster und Osnabrück waren während des Kongresses die zentrale Bühne Europas, auf der alle Potentaten, die zukünftig politisch mitspielen wollten, ihren Status demonstrieren mussten. Für sie ging es nie nur um den Frieden, sondern immer *auch* um die Ehre ihres Hauses, ihrer Länder. Das aber machte es notwendig, auf die Wahrung feinster zere-

Abb. 2
Beschwörung des Spanisch-Niederländischen Friedens im Rathaus zu Münster
Gemälde von Gerard ter Borch, Öl auf Kupfer 1648, The National Gallery, London, Inv.-Nr. NG896

monieller Details den größten Wert zu legen. Die ständige wechselseitige Angst vor einem möglichen Gesichtsverlust erwies sich als das Haupthindernis zügigen und effizienten Verhandelns. Denn da die Hierarchie unter den Potentaten in Europa durchweg umstritten war, mussten die Gesandten möglichst vermeiden, überhaupt in der Öffentlichkeit zusammen aufzutreten, wenn sie keinen Rangkonflikt riskieren wollten.

Der Kongress bestand daher nur zu einem verschwindend geringen Teil aus förmlichen, direkten Treffen (Abb. 3). Das allermeiste Verhandeln spielte sich in Münster über Schriftstücke ab, die von Vermittlern überbracht wurden. Diese Vermittler waren allerdings keine Schiedsrichter; sie machten offiziell auch keine eigenen inhaltlichen Vorschläge. Schon gar nicht hatten sie irgendeine Entscheidungsmacht, der sich die Verhandlungsparteien etwa vorab unterworfen hätten. Man muss sich das förmliche Verhandeln so vorstellen, dass die eine Gesandtschaft einen Vorschlag zu Papier brachte und ihn dem Vermittler übergab, dieser wiederum übergab ihn der Gegenseite, die wiederum über den Vermittler schriftlich antwortete. Es lässt sich denken, wie langwierig sich das gestaltete – zumal es ja eine Überfülle an strittigen Einzelfragen gab und außerdem nie nur zwei Parteien

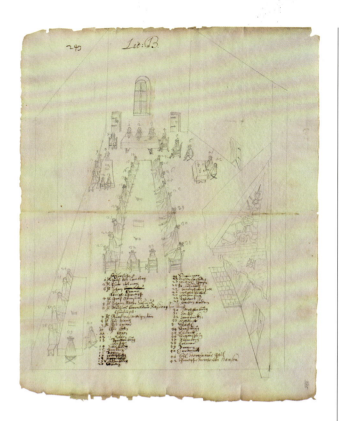

Abb. 3
Darstellung der Beschwörung des schwedisch-kaiserlichen Vorfriedens in Osnabrück in der Residenz Oxenstiernas
6. August 1648, Skizze des Protokollanten, Bleistift mit Tinte auf Papier, Landesarchiv Thüringen – Staatsarchiv Gotha

im Spiel waren, sondern immer auch die Interessen Dritter und Vierter betroffen waren. Doch bei alledem galt stets, dass die Ehre der Fürsten im Zweifelsfall mehr zählte als die Beendigung des Krieges.

All das lässt ermessen, welches ungeheure Ausmaß an Zeit, Geduld und auch an Geld aufgewendet werden musste, um überhaupt zu Ergebnissen zu kommen. Wenn man alle diese Umstände bedenkt, dann war es am Ende wirklich ein »Weltwunder«, wie der venezianische Gesandte Contarini schrieb, dass am 24. Oktober 1648 die Friedensverträge endlich reihum in den Gesandtenquartieren unterzeichnet waren und daraufhin tatsächlich fast überall die Waffen niedergelegt wurden.

Es dauerte dann zwar noch einmal zwei Jahre und einen weiteren Kongress, diesmal nicht in Westfalen, sondern in Nürnberg, bis alle Details der Truppenabzüge und Entschädigungen geklärt waren. Doch dann konnte das große rituelle Friedensmahl stattfinden, dann konnten sich erstmals alle Gesandten gemeinsam an einen Tisch setzen und feiern (Abb. 4).

Das Vertragswerk bescherte Europa keinen dauerhaften und allseitigen Frieden, aber es beendete immerhin den verheerendsten Krieg, den es bis dahin in Deutschland je gegeben hatte. Der Westfälische Frieden schuf zwar auch noch nicht das moderne System souveräner, das heißt gleichberechtigter und unabhängiger Staaten. Aber hier wurden doch wesentliche Grundsteine für das gelegt, was dann die Völkerrechtslehrer im 18. Jahrhundert als neues Normensystem formulierten. Der Frieden beseitigte auch keineswegs jedweden Konfessionsstreit im Reich und machte aus den Ländern keine säkularen Staaten. Aber er schuf doch ein rechtliches Regelwerk, wonach die Landesobrigkeiten ihre andersgläubigen Untertanen wohl oder übel tolerieren mussten. Und strenge Paritätsregeln legten fest, dass im Reich die eine Konfession die andere nicht mehr dominieren konnte.

Insgesamt liefen die Westfälischen Friedensverhandlungen eben nicht zielstrebig auf Frieden, Toleranz und Gleichberechtigung der Staaten zu. Der Frieden hatte für viele Beteiligte keineswegs die höchste Priorität, und die Verpflichtung zu religiöser Toleranz wurde nur zähneknirschend akzeptiert. Die meiste Zeit ging es umständlich, obstruktiv, standesbewusst, konfessionell borniert und nicht selten auch intrigant zu. Gerade angesichts dessen ist das Ergebnis erstaunlich. Die beiden Friedensverträge sind Symbole für die Überwindung scheinbar unüberwindlicher Schwierigkeiten, für die Beilegung hoffnungslos verfahrener Konflikte und für die Herstellung von Frieden unter extrem ungünstigen

Abb. 4
Unterzeichnung des Friedens-Executions-Haupt-Recesses auf der Nürnberger Burg (26. Juni 1650)
Kupferstich um 1650–1652, aus: J. L. Gottfried: Historische Chronik Bd. II. Frankfurt M. 1743, Stadtarchiv Münster

Bedingungen. Gerade heute, wo das friedliche Nebeneinander von Menschen verschiedener Religionen nicht mehr selbstverständlich ist und auch die Kriege denen des 17. Jahrhunderts wieder ähnlicher zu werden scheinen, hat man solche Symbole des Optimismus dringend nötig.

Literatur
AK Münster 1998a; Arndt 2009; Asch/Voss/Wrede 2001; Croxton/Tischer 2001; Dickmann 1972; Duchhardt 1998; Duchhardt/Dethlefs/Queckenstedt 1998; Kampmann 2008; Repgen 1997; Schmidt 2005; Stollberg-Rilinger 2011; Wilson 2017

1

Medaille auf den Westfälischen Frieden

Engelbert Ketteler (? – 1661), Münster 1648
Gold; Dm 52 mm; 31,2 g
Stadtmuseum Münster, Inv.-Nr. MZ-WF-00682

Literatur: AK Münster 1998, Bd. 2, S. 248 – 249;
blog.stadtmuseum-muenster.de/?p=339; Dethlefs/
Ordelheide 1987, S. 140 – 146, Nr. 124 – 128

Die Medaille zeigt auf ihrer Vorderseite die Stadt Münster von Südwesten aus. Während die Ansicht im Profil wiedergegeben ist, erscheint das Befestigungswerk mit den verschiedenen Schanzen aus der Vogelperspektive. Die Inschrift darunter nennt in Latein den Namen der Stadt und das Entstehungsjahr 1648. Die Überschrift »HINC TOTI PAX INSONAT ORBI« (Von hier aus schallt der Friede über die ganze Welt) bezieht sich auf das wichtigste Ereignis jenes Jahres, den Abschluss des Westfälischen Friedens.

Veranschaulicht wird dies durch zwei über der Stadt schwebende Putti. Aus der Posaune des linken Putto erschallt das Wort »PAX« (Friede); in seiner Hand hält er einen Palmzweig, das Symbol für die Freude. Der rechte Engel trägt einen Lorbeerkranz sowie einen Ölzweig, seit der Antike Symbole für den Sieg und den Frieden.

Als zentrales Motiv der Rückseite erscheint ein Handschlag, Zeichen für die durch den Frieden hergestellte Einigkeit zwischen dem Kaiser und den Königen. Der in der Mitte dargestellte Ölzweig wie auch die Wohlstand verheißenden Füllhörner sind Attribute der römischen Friedensgöttin Pax.

Die am Boden liegenden Waffen verdeutlichen das Ende des schrecklichen Krieges. Erläutert wird die Darstellung durch die als Chronogramm gestaltete Umschrift »CAESARIS ET REGVM IVNXIT PAX AVREA DEXTRAS 24 8bris« (Der goldene Frieden hat die rechten Hände des Kaisers und der Könige vereinigt, am 24. Oktober). Die Jahreszahl 1648 ergibt sich aus den lateinischen Zahlbuchstaben (MDCXXXVVVIII). Der Text und das Bildprogramm stammen von dem münsterischen Arzt und Humanisten Dr. Bernhard Rottendorf.

Der seit 1636 in Münster tätige Münzmeister Engelbert Ketteler produzierte mehrere verschiedene Medaillen auf dieses Ereignis. Neben zahlreichen silbernen Ausführungen im Gewicht von einem Taler (ca. 28,5 Gramm) oder zu zwei Talern (ca. 57 Gramm) ließ der Rat der Stadt Münster bis zum Verlust der Selbstständigkeit 1661 bei ihm mehrfach derartige in den Quellen »Friedenspfennige« genannte Medaillen auch aus Gold prägen, darunter offenbar auch dieses Exemplar im Wert von etwa neun Dukaten.

Diese Stücke wurden als Geschenke an verdiente Personen sowie Gäste der Stadt verteilt. Durch diese »Ehrengaben« bzw. Auszeichnungen suchte man das »Wohlwollen« der Beschenkten zu erreichen, wollte aber auch an den Friedensschluss erinnern. *BT*

2

Einzug des Gesandten Adriaan Pauw in Münster

Gerard ter Borch (1617–1681) und
Monogrammist G. V. H., um 1646
Gemälde, Öl auf Leinwand, 100 × 161,5 cm,
Stadtmuseum Münster, Legat Wilhelm Hüffer an die Stadt
Münster (Rom 1895), Inv.-Nr. GE-0358-2

Literatur: AK Münster 1988, S. 181–185 (Grote); AK Münster 1998, S. 9–11; De Boer/Bruch 1985; Lademacher 1998; Lahrkamp 1987; Linnemann 2007; Stollberg-Rilinger 2011 a

---

Das Gemälde zeigt den Einzug des niederländischen Gesandten Adriaan Pauw (1585–1653) in Münster. Die prachtvolle Kutsche vor den Toren der Stadt befindet sich ungefähr dort, wo heute die Weseler Straße verläuft.

Der Einzug ist keinesfalls nur als eine Begleiterscheinung des Friedenskongresses aufzufassen: Das Bild dokumentiert, wie Pauw in sechsspänniger Kutsche vor der Stadt eingeholt wird. Dies entspricht den diplomatischen Regeln, nach denen man seit dem 17. Jahrhundert Gesandten von souveränen Mächten schon bei ihrer Anreise weit entgegenkam. Dann erfolgten Visite und Revisite. Einen völkerrechtlich souveränen Status hatte die Republik der Niederlande bis zu dieser Zeit jedoch noch nicht besessen. Gleichwohl wurden die niederländischen Gesandten am 11. Januar 1646 von den französischen, portugiesischen und hessen-kasselschen Vertretern in die Stadt geleitet, in der so viele Mächte gleichzeitig an einem Ort versammelt waren wie noch nie zuvor in der europäischen Geschichte. In diesem Umfeld erlangten die Niederländer durch das ihnen zugestandene Einzugszeremoniell eine Gleichbehandlung mit den europäischen Souveränen und sogar mit dem Kaiser und dem Papst. Damit war schon vor Beginn der Verhandlungsgespräche der Anspruch und Status aller Parteien vereinbart worden. So ist auch zu verstehen, warum sich Adriaan Pauw so prominent darstellen ließ und warum bereits der Einzug, und nicht erst die anschließende Verhandlungsleistung, schon ein wesentliches Zeugnis seines politischen Erfolges ist. *SL*

3

Der Friedensreiter aus Münster
Flugblatt, Neuer auß Münster vom 25. deß
Weinmonats im Jahr 1648 abgefertigter Freud-
und Friedensbringender Postreuter
Anonym, 1648
Holzschnitt und Typendruck auf Papier, ohne Ort,
32,7 × 27,2 cm
Germanisches Nationalmuseum, Nürnberg,
Graphische Sammlung, Inv.-Nr. HB 711 (Kapsel 1220)

Literatur: AK Münster 1988, S. 246–247 (Dethlefs);
AK Münster 1993, S. 12 und 42–43; AK Münster 1998a,
Katalogbd. S. 220–221 (Wiedau); AK Münster 1998,
S. 94–95 (Pötter); AK Stuttgart 2013, S. 30–31
(Manegold); Fleitmann 1972

Berittene Boten hatten eine große Bedeutung für die dezentral stattfindenden Verhandlungen des Friedenskongresses. Bereits 1643 waren Münster und Osnabrück an die von der Familie von Thurn und Taxis betriebene Route der Kaiserlichen Reichspost angeschlossen worden. Zur Zeit der Verhandlungen wurden vor allem geheime Botschaften übermittelt. Der über zerbrochene Waffen und ein Grabkreuz hinwegsprengende kaiserliche Postreiter mit dem kaiserlichen Botenzeichen des Doppeladlers auf der Brust verkündet seine Friedensbotschaft von Münster über ganz Europa. Links ist Wien mit angedeutetem Stephansdom und am fernen Horizont Paris dargestellt. Ein Segelschiff mit Friedensfahne bringt die Nachricht auf dem Seeweg nach Stockholm am rechten Bildrand. Der kaiserliche Reiter wird von zwei fliegenden allegorischen Figuren begleitet: Der geflügelte Götterbote Merkur, der Schutzpatron der Reisenden und Kaufleute sowie Nachrichtenübermittler, trägt ein Kuvert mit der Aufschrift »PAX«. Fama, die Göttin des Ruhmes, bläst die Fanfare mit dem Doppeladlerwappen. Der Text unter dem Bild verbindet Friedensbotschaft und Gotteslob. Als Adressaten sind alle sozialen Gruppen der Gesellschaft angesprochen, denen die positiven Auswirkungen des Friedens angekündigt werden. Der Druck, den es in unterschiedlichen Varianten gibt, ist zu einem der bekanntesten Flugblätter aus der Zeit des Westfälischen Friedens geworden und ist ein Beleg für das enorme Medienecho, das der Friedensschluss hervorgerufen hat. *SL*

4

Der Friedenssaal

Literatur: AK Münster 1998, S. 34–59 (Pötter); Dethlefs 1998a; Lahrkamp 1987; Manegold 2013; Manegold 2016

Die Ratskammer im Rathaus zu Münster wird ebenso wie der Ratssaal in Osnabrück, wo der Friedensvertrag zwischen dem Kaiser, dem Reich und Schweden ausgehandelt wurde, als »Friedenssaal« bezeichnet. Tatsächlich ist der Frieden zwischen dem Kaiser und Frankreich jedoch durch Austausch von schriftlichen Botschaften zwischen den an getrennten Orten in der Stadt Münster residierenden Friedensgesandten verhandelt worden. Ein gemeinsames Treffen der Botschafter der verschiedenen europäischen Mächte im Rathaus hat es kein einziges Mal gegeben, da ein solches Rangkonflikte zwischen den Potentaten ausgelöst hätte. Lediglich der Schwur auf den Spanisch-Niederländischen Frieden, durch den die junge Republik der Vereinigten Niederlande mit ihren sieben Provinzen am 15. Mai 1648 formal jene Souveränität erhielt, über die sie de facto bereits jahrzehntelang verfügt hatte, wurde in der Ratskammer zu Münster abgelegt. Dieser Friedensschluss war auch gleichbedeutend mit dem Ende des Achtzigjährigen Krieges. Mit ihm wurde zum ersten Mal in Europa ein Krieg nicht militärisch, sondern auf diplomatischem Weg beendet. Das aus diesem Anlass durch den holländischen Maler Gerard ter Borch (1617–1681) geschaffene Gemälde, das schon kurz nach seiner Fertigstellung durch Kupferstiche von Jonas Suyderhoff (um 1613–1686) weit verbreitet wurde (Kat.-Nr. 8), vermittelt das Aussehen des Saales zur Zeit des Friedenskongresses. Es ist zugleich die älteste überlieferte Darstellung der Ratskammer.

Die von ter Borch authentisch dargestellte Innenausstattung des Raumes, die in überraschend vielen Details bis heute erhalten ist, stammt größtenteils aus dem 16. Jahrhundert. In der Wandvertäfelung sind sakrale Motive auffällig präsent. So werden an den Längswänden Reliefs mit Christus, den Aposteln sowie den Evangelisten durch reich verzierte geschnitzte Giebel besonders akzentuiert. Ein Kronleuchter mit einer strahlenumkränzten Madonnenfigur, der auch in ter Borchs bildlicher Wiedergabe des Raumes zentral dargestellt ist, dominiert die Mitte des Saales. Die Gerichtsschranke und der Richtertisch vor der Nordwand des »Friedenssaales« verbürgen die ursprüngliche Nutzung als Gerichtsstube. Das Eingangsportal wurde im Zweiten Weltkrieg zerstört, ebenso der Kamin mit einem Relief mit einer Darstellung des Urteils Salomos, welcher heute durch einen Kamin von 1620 aus dem Krameramtshaus ersetzt ist.

In den Jahren 1648 und 1649 kaufte der Rat für die Präsentation in der Ratskammer 34 Bildnisse der wichtigsten Gesandten und der Souveräne aus dem Umkreis Anselm van Hulles (1601– nach 1674) und seines Mitarbeiters Jan Baptista Floris (1617–1655). Es ist äußerst bemerkenswert, dass sich im Zuge der Friedensverhandlungen spezifische Mechanismen der Darstellung von Diplomaten herausgebildet haben, die in der Folge weiterentwickelt wurden und eine Massenproduktion von Gesandtenporträts hervorgerufen haben. Anselm van Hulle, der für den Prinzen Friedrich Heinrich von Oranien (1584–1647) nach Münster gereist war, hat mit seiner großen Werkstatt seit 1646 Hunderte von Porträts im Auftrag der Gesandten angefertigt. Diese sind von prominenten Antwerpener Kupferstechern, darunter Cornelis Galle d. Ä. (1576–1647) und Cornelis Galle d. J. (1615–1678), gestochen worden. Die Bildnisse, die im Auftrag des Rates gemalt worden sind, wurden ab 1661 jeweils im Winter

in die Ratsbibliothek im benachbarten Gruethaus gebracht. Neben den eigentlichen Gesandten sind auch Kaiser Ferdinand III., die Könige Philipp IV. von Spanien und Ludwig XIV. von Frankreich sowie der münsterische Stadtkommandant Johann von Reumont (um 1590–1672) porträtiert. In einem Kupferstich von Georg Daniel Heumann aus dem Jahr 1735 sind die Wände nicht mit den Gemälden geschmückt. Dass sie im 19. Jahrhundert an der inneren Längswand zweireihig gehängt waren, ist jedoch durch eine Lithografie von Cornelis Schimmel von 1830 verbürgt. Zu diesem Zeitpunkt hatte der Prunkraum des Rathauses allerdings bereits einen musealen Charakter, wie durch verschiedene Aussagen von Reisenden sowie durch das älteste westfälische Denkmälerinventar von 1822 überliefert ist.

Die Gesandtenporträts gehören neben den eisernen Zangen, mit denen 1536 die Täufer gefoltert worden waren, oder einem eisernen Folterhalsband zu den ältesten offiziellen Geschichtsdenkmälern in Münster. Die aktuelle Hängung aus dem Jahr 1997 orientiert sich an einer musealen Präsentation der Gesandtenporträts aus dem 19. Jahrhundert. Diese wurde von einem während der Restaurierung anlässlich des 350. Jubiläums der Friedensschlüsse wiederentdeckten Numerierungssystem übernommen. Sie revidiert eine Hängung aus dem Jahr 1948, die nach dem Wiederaufbau des im Krieg zerstörten Friedenssaales erfolgt war. Die ergänzte Galerie umfasst heute 37 Porträts. *SL*

Kein Grund zum Feiern!

Gedenken anlässlich des 100. und 200. Jubiläums
des Friedensschlusses 1748 und 1848

—

BARBARA ROMMÉ

Erst 1649 feierte man in Münster rund um das städtische Rathaus gebührend die Ratifikation des Westfälischen Friedens, obwohl schon am 24. Oktober 1648 die Friedensreiter (Kat.-Nr. 3) die Kunde vom Frieden im gesamten Reich verbreiteten. Bei den Jubiläen zur 100. und 200. Wiederkehr des Friedensschlusses sind in Münster keine Aktivitäten zu verzeichnen. Diese Phänomene zu erläutern ist das Ziel dieses Beitrags. Der Vergleich mit den Städten Augsburg 1748 und Nürnberg 1848, die eine ausführliche Erinnerungskultur pflegten, verdeutlicht die Unterschiede, die weitgehend konfessionell bedingt waren. Auch ein Blick auf die westfälische »Partnerstadt« Osnabrück während der Friedensverhandlungen macht deutlich, dass in der katholischen Stadt Münster der Westfälische Frieden zwar in den ersten 250 Jahren nicht gänzlich vergessen wurde, dieser aber keine große Bedeutung innerhalb der Stadtgesellschaft gewann. Immer wieder durch Anstöße von außen, insbesondere durch hochrangige Besucher oder durch das einsetzende Interesse an den Denkmälern der deutschen Geschichte, wurden die hinterlassenen »Merkwürdigkeiten« der Stadtgeschichte im Friedenssaal präsentiert, in diesem Kontext natürlich auch die Relikte aus der Zeit der Verhandlungen zum Westfälischen Frieden. Die Ereignisse rund um das Täuferreich 1534/35 fanden aber meist größere Aufmerksamkeit. Man erlangt den Eindruck, dass die Besuche von Auswärtigen zwar dazu führten, den Westfälischen Frieden nicht vollständig zu verdrängen, doch die Geschichte rund um die sogenannten Wiedertäufer bewegte die Bevölkerung und die Besucher der Stadt viel stärker. Münster war eben in den vergangenen Jahrhunderten die »Wiedertäuferstadt«, nicht die Stadt des Westfälischen Friedens. Dies änderte sich erst grundlegend nach dem 300. Jubiläum 1948.

◀ Abb. 1
Kat.-Nr. 5

1648 – der Friedenskongress in Münster und seine Feiern

Abb. 2
Beschwörung des Spanisch-Niederländischen Friedens
Kupferstich von Jonas Suyderhoff nach dem Gemälde von Gerard ter Borch, um 1648, signiert und undatiert, Stadtmuseum Münster, Inv.-Nr. GR-0512-1

Ein Friedenskongress wie derjenige in Münster war eng verbunden mit verschiedenartigen Festlichkeiten. Zu Beginn des Friedenskongresses am 27. Mai 1643 enthob der kaiserliche Reichshofrat Johann Krane (um 1595–1673) die Städte Münster und Osnabrück von der kaiserlichen und landesherrlichen Oberhoheit, was erst die Aufnahme von Verhandlungen möglich machte. Diese Neutralisierung der Stadt Münster erfolgte schon nach einem feierlichen Ritus, ebenso wie der Einzug jeder einzelnen Gesandtschaft entsprechend begleitet und gewürdigt wurde.
Der Alltag Münsters wurde durch diese Einzüge, Prozessionen, aber auch mit der Verleihung des Ordens vom Goldenen Vlies an den Grafen von Nassau oder durch Theateraufführungen mit ungewohntem Glanz versehen.

Die beiden Abschlüsse von Friedensverträgen im Jahr 1648 wurden ebenfalls ausgiebig durch Feierlichkeiten gewürdigt. Der zwischen den Spaniern und den Generalstaaten geschlossene Separatfrieden von Münster wurde am 15. Mai 1648 im Ratssaal des münsterischen Rathauses beschworen. Dieser rechtliche Vorgang wurde durch den niederländischen Maler Gerard ter Borch (1617–1681) sogar in einem Gemälde festgehalten, das weite Verbreitung durch die gleichzeitige Umsetzung in einen Kupferstich gefunden hat (Kat.-Nr. 8) und von dem wohl auch in der Werkstatt ter Borchs Gemälderepliken angefertigt wurden. Für die Generalstaaten, die durch den Friedensschluss den Achtzigjährigen Krieg mit den Spaniern beenden und zur ersten anerkannten Republik in Mitteleuropa aufsteigen konnten, bedeutet die Beschwörung des Friedens gleichzeitig die Gründung ihres Staates. Für die Niederlande war es von großem Interesse, die Staatsgründung mit dem Frieden zu Münster außerhalb ihres Territoriums für die eigene Bevölkerung fassbar zu machen. Deshalb war die Reproduktion des Gemäldes der Beschwörung des Separatfriedens (Abb. 2) von besonderer Bedeutung für die Niederlande. Auch in den nachfolgenden Jahrhunderten wurden immer wieder grafische Reproduktionen – meist von niederländischen Künstlern – angefertigt.

Im Gegensatz dazu wurde der Abschluss des Westfälischen Friedens am 24. Oktober 1648, die Ratifikation erfolgte erst am 18. Februar 1649, zwar von zahlreichen Flugschriften begleitet, doch Darstellungen des Ratifikationsvorgangs wie beim vorangegangenen Separatfrieden oder Stiche von den Feierlichkeiten des anschließenden Friedensexekutionskongresses in Nürnberg gibt es nicht. Vielmehr werden die Boten, die den Frieden überall im Reich verkünden, zum Symbol des Westfälischen Friedens (Kat.-Nr. 3). Nicht ein rechtlicher Vorgang oder Feiern in Münster werden im Bild festgehalten, sondern die zahlreichen namenlosen Verkünder des Friedens, die die Kampfhandlungen beispielsweise vor dem belagerten Prag beenden. Denn auch während der Friedensverhandlungen in Münster und Osnabrück wurde noch weitergekämpft.

Der Nürnberger Reichs-Friedens-Rezess 1649/50

Die Feierlichkeiten in Münster am 21. Februar 1649 entsprechen den in der Frühen Neuzeit üblichen Vorgehensweisen, wie sie Julius B. von Rohr in seiner Einleitung zur »Ceremonial-Wissenschaft der großen Herren« aus dem Jahr 1728 charakterisiert: »Bey den Frieden=Festivitäten werden alle Glocken geläutet, die Canonen abgefeuert, die Freuden=Feuer mit den sinnreichsten Erfindungen, und sehr künstliche Illuminationen des Abends angezündet. Den Pöbel wird viele Tage nach einander mancherley Lust gemacht. Man lässt ihnen gantze Ochsen braten, die unter sie umsonst ausgetheilet werden, man lässt Fontainen mit rothen und weissen Wein springen, man vergönnet ihnen allerhand Schau=Spiele, Comoedien und musicalische Concerte.« Auch in zahllosen anderen deutschen Städten – man schätzt sie auf rund 200 – gab es vergleichbare Feierlichkeiten wie in Münster im Februar 1649.

Nach der Ratifikation des Westfälischen Friedens war direkt im Anschluss ein weiterer Friedenskongress in Nürnberg von April 1649 bis Juli 1650 notwendig, da es noch vieler konkreter Absprachen in Abrüstungs- und Finanzierungsfragen bedurfte, beispielsweise um den zeitlichen und örtlichen Abzug der schwedischen Truppen genau zu regeln. Dort waren die Feierlichkeiten prächtiger, und nach der erfolgten Ratifikation in Münster und Osnabrück kamen die Verhandlungen auch ungleich schneller zum Abschluss. Schon zum Interimsrezess am 5. Oktober 1649 wurde ein gewaltiges Friedensmahl im Großen Saal des Rathauses von Nürnberg ausgerichtet, wo auch die Verhandlungsdelegationen tagten. Gastgeber war der pfälzische Graf Karl Gustav von Zweibrücken (1622–1660), der spätere König Karl X. Gustav von Schweden.

In der protestantischen freien Reichsstadt Nürnberg sind die Bildquellen viel zahlreicher. In einfach reproduzierbaren Druckgrafiken werden die Ereignisse vom Friedensmahl über die Feuerwerke bis zum Bogenschießen festgehalten. Der Kunstschriftsteller und Maler Joachim von Sandrart (1606–1688) schuf darüber hinaus ein monumentales Gemälde des Friedensmahls, das sich noch immer im Besitz der Stadt Nürnberg befindet und heute im Stadtmuseum im Fembo-Haus hängt. Kupferstiche verbreiteten bis zu Details der Sitzordnung die frohe Botschaft vom gemeinsamen Friedensmahl der ehemaligen erbitterten Gegner. Der einzig für die Feierlichkeit hergestellte Weinlöwe, aus dessen Maul die Bevölkerung mit Rot- und Weißwein versorgt wurde, ist ebenfalls erhalten und stellte eine Rarität dar, denn meist haben die ephemeren Ausstattungsstücke solcher Feierlichkeiten nicht die Jahrhunderte überdauert (Abb. 1).

1748: 100 Jahre Westfälischer Frieden – ein Fest für die Protestanten

Die katholische Stadt Münster wird sich in religiöser Hinsicht wie alle Katholiken als Verliererin der Friedensverhandlung in religionsrechtlicher Hinsicht betrachtet haben, was sich zum ersten runden Jubiläum deutlich zeigte: Zur 100. Wiederkehr des Abschlusses des Westfälischen Friedens 1748 kommt es zu keiner nennenswerten Aktivität in der Kongressstadt Münster im Gegensatz zur Partnerstadt Osnabrück bei den Friedensverhandlungen. Außerdem wird die Niederlage der Stadt Münster gegen ihren Stadtherrn, den Fürstbischof Christoph Bernhard von Galen (1606–1678), im Nachgang zu den Friedensverhandlungen dazu geführt haben, dass die gegenreformatorische Haltung gestärkt wurde.

Abb. 3
Medaille auf die Hundertjahrfeier des Westfälischen Friedens in Augsburg
Jonas Thiebaud, Augsburg 1748, Silber, signiert und datiert, Stadtmuseum Münster, Inv.-Nr. MZ-WF-00301

Abb. 4
Auswurfmünze für die Schüler des Gymnasiums St. Anna in Augsburg auf die Hundertjahrfeier des Westfälischen Friedens, Jonas Thiebaud, Augsburg 1748, Silber, unsigniert und datiert, Stadtmuseum Münster, Inv.-Nr. MZ-WF-00303

Abb. 5
Medaille auf die Hundertjahrfeier des Westfälischen Friedens in Kaufbeuren
Kaufbeuren 1748, Silber, unsigniert und undatiert, Stadtmuseum Münster, Inv.-Nr. MZ-WF-00341

Im Gegensatz dazu gedachte man in den protestantischen Reichsstädten im Süden im Jahr 1748 des Westfälischen Friedens – Medaillenprägungen und Gedenkgrafik wurden herausgegeben und Feierlichkeiten veranstaltet (Abb. 3–5). Insbesondere in der bikonfessionellen Stadt Augsburg wurden zahlreiche Aktivitäten von evangelischer Seite zur Jahrhundertfeier initiiert, die auf dem Fundament des jährlich seit 1651 gefeierten Dankfests für Kinder entwickelt wurden. Der 8. August war ein eigener augsburgischer Feiertag. Insbesondere durch die Rivalität mit der katholischen Bevölkerung Augsburgs und dem katholischen Bischof als Stadtherrn entstand eine kontinuierliche und intensive Erinnerungskultur, die sowohl der konfessionellen Selbstdarstellung als auch der Festigung der konfessionellen Parität diente und in einer vielfältigen bildlichen Erinnerungskultur ihren Ausdruck fand (Kat.-Nr. 6). Heinz Duchhardt geht davon aus, dass die Erinnerungskultur des Friedens sogar protestantischer Herkunft sei.

Auch wenn die beteiligten Mächte zur Beendigung des Dreißigjährigen Krieges gezwungen wurden, weil keine Seite den Krieg gewinnen konnte, gab es aus verschiedenen Gründen sowohl Gewinner als auch Verlierer. Das komplizierte Geflecht an Konfliktpunkten konnte durch die Verhandlungen geregelt werden, da man drei Stränge von Streitigkeiten – verfassungs- und religionsrechtliche sowie hegemoniale Konflikte – separat verhandelte und klärte. In religiöser Hinsicht wurde im Westfälischen Frieden eine verbindliche Interpretation des Augsburger Religionsfriedens von 1555 erreicht: Dies bedeutete, dass in den Reichsständen weder die katholische noch die protestantische Seite die andere Konfession durch Mehrheitsbeschluss (itio in partes) zu etwas zwingen konnte. Dies empfand das protestantische Lager als Sieg, da nun auch reichsrechtlich die volle Anerkennung der Bikonfessionalität erreicht worden war. Eine Umkehrung der Verhältnisse war nicht mehr möglich.

Abb. 6
Medaille auf das 200-jährige Jubiläum des Westfälischen Friedens und die Vereinigung des Elsass mit Frankreich, anonym, Frankreich, Kupfer, unsigniert und datiert, Stadtmuseum Münster, Inv.-Nr. MZ-WF-00595

Außerdem führte die Einschränkung der Macht der Landesherren, die Konfession der Untertanen zu bestimmen, zu einer relativen Religionsfreiheit bei den christlichen Glaubensrichtungen. Zwar konnte der Landesherr noch entscheiden, welche Konfession zur Staatsreligion in seinem Territorium erhoben wurde, doch der Druck zur Auswanderung für die Anhängerschaft der anderen Konfessionen war aufgehoben, denn ein Wechsel zur Religion des Landesherrn war nicht mehr zwingend notwendig. Der Gesandte der römischen Kurie, Kardinal Fabio Chigi (1599–1667), erhob deshalb mehrfach Protest gegen die religionsrechtlichen Bestimmungen des Westfälischen Friedens, die als herbe Niederlage der katholischen Kirche empfunden wurden. Daher verweigerte Chigi auch als einziger Verhandlungsführer die Unterschrift unter den Vertrag. Auch im Breve »Zelo domus Deo« von Papst Innozenz X. wurde diese Auffassung nochmals unterstrichen.

1848: Die Nationale Frage verdrängt die Erinnerung an den Westfälischen Frieden

Im Revolutionsjahr 1848 lag das Ende des Heiligen Römischen Reiches deutscher Nation schon fast ein halbes Jahrhundert zurück, und insbesondere die verfassungsrechtlichen Errungenschaften des Westfälischen Friedens spielten in der Tagespolitik keine Rolle mehr. Charakteristisch sind deshalb auch die Ausführungen des Nürnberger Pfarrers Konrad Rüdel (1806–1885), der aus historischem Interesse zwar zum 200. Jubiläum an den Frieden erinnert, ihn aber eher als negative Folie vor dem Hintergrund der aktuellen nationalen Einigungsbestrebungen beschreibt (Kat.-Nr. 7). Ein anderes Beispiel für die eher versprengte Erinnerungskultur im Jahr 1848 ist die französische Medaille auf die Vereinigung des Elsass mit Frankreich 1648 (Abb. 6). Sie ist als Ausdruck der Furcht vor dem Erstarken des deutschen Nationalismus zu verstehen. Das Elsass war neben Lothringen einer der wichtigen territorialen Zugewinne Frankreichs gewesen, die aus dem Westfälischen Frieden resultierten. Gerade im Jahr 1848, als um die Gründung eines deutschen Nationalstaates gerungen wurde, wollte man auf französischer Seite die Zugehörigkeit des Elsass zu Frankreich mit dieser Memorialmedaille unterstreichen und damit eine Rückkehr zum Deutschen Reich ausschließen.

Auch im Jahr 1848 sind für Münster wie schon 1748 keine Anstrengungen zur Feier der 200. Wiederkehr des Westfälischen Friedens zu verzeichnen. Zu den negativen religionsrechtlichen Bestimmungen für eine katholische Stadt kamen die veränderten politischen Verhältnisse – die Gründung eines deutschen Nationalstaats stand 1848 im Mittelpunkt der Tagespolitik. Der Westfälische Frieden wurde immer stärker mit dem Verrat deutscher Interessen insbesondere gegenüber Frankreich verbunden – also gab es für Münster wieder keine Motivation, das Gedenken an den Westfälischen Frieden aufzugreifen.

Immerhin wurden zu Beginn des 19. Jahrhunderts Aktivitäten von Seiten des preußischen Staates ergriffen, um die Erinnerung auch an den Westfälischen Frieden zu bewahren. Dies geschah über die Sachzeugnisse wie das Denkmal Friedenssaal. Es wurde in den Erhalt dieser Raumausstattung investiert, und die historischen Überreste aus der münsterischen Stadtgeschichte wurden dort zusammengetragen. Das historische Interesse, das die Epoche des 19. Jahrhunderts auszeichnet, stand dabei im Vordergrund, selbstverständlich war auch der Westfälische Frieden Teil dieser Aktivitäten, aber eben nicht zentral.

1898 wird sich das Interesse am Westfälischen Frieden in Münster nur in geringem Ausmaß in der Stadtgesellschaft geändert haben, später dann noch stärker unter nationalistischen Vorzeichen (Kat. S. 49–53).

Literatur
AK Münster 1998; AK Münster 2002; AK Stuttgart 2013; Albrecht 1983; Burkhardt 1998; Dethlefs 1998; Dethlefs/Ordelheide 1987; Duchhardt 1997; Duchhardt 1998; Duchhardt 1998a; Duchhardt 2000; Duchhardt 2014; François 2000; Gantet 1998; Gantet 2000; Münkler 2017; Repgen 2015; Roeck 1998; Roeck 2000; Stiglic 1998

5

Schwedischer Löwe

Anonym
1649
Holzskulptur, farbig gefasst, Nürnberg?,
125 × 40 × 74 cm
Museen der Stadt Nürnberg, Kunstsammlungen,
Stadtmuseum im Fembo-Haus, Inv.-Nr. Pl 2

Literatur: AK Münster 1998a Katalogbd., S. 419–421
(Arndt); Laufhütte 1998; Oschmann 1991

Nach Unterzeichnung der Friedensverträge in Münster und Osnabrück 1648 wurden einige noch ungelöste Fragen, die vor allem den Rückzug der Truppen betrafen, auf dem Exekutionstag in Nürnberg 1649 und 1650 geklärt. Dieser hat die Erinnerungskultur in Bezug auf den Westfälischen Frieden stark geprägt, nicht zuletzt, da die Nürnberger Hauptkontrahenten zwei große Feste veranstalteten: Pfalzgraf Karl Gustav von Zweibrücken als schwedischer Hauptbevollmächtigter gab während der Verhandlungen ein großes Festbankett im Nürnberger Rathaus, und Octavio Piccolomini (1599–1656) als kaiserlicher Hauptgesandter richtete ein Friedensfest mit Feuerwerk aus. Einzelheiten dieser aufwändigen Feierlichkeiten sind in Schrift und Bild zahlreich überliefert.

Auch Gedenkobjekte hat der Exekutionstag in ungewöhnlich großer Anzahl hervorgebracht. Die Löwenfigur (Abb. S. 20) stand während des Prunkmahls am 26. September 1649 (nach protestantischer julianischer Zeitrechnung) beziehungsweise am 5. Oktober 1649 (nach der neuen katholischen gregorianischen Zeitrechnung) im Fenster des großen Saales des Nürnberger Rathauses. Durch den Körper verlaufen zwei Leitungen, die jeweils mit Fässern roten und weißen Weines verbunden waren, der sich nach unten auf die Straße für die Menge ergoss.

Weinspendende allegorische Figuren sind aus dem Kontext von Kaiserwahlen bekannt. Die Löwenfigur wurde als ein Ausdruck des Machtanspruchs des gastgebenden Pfalzgrafen gedeutet, denn der schreitende Löwe ist das schwedische Wappentier. Zugleich stellt der spätere schwedische König sich durch die Figur bereits vor Besiegelung der Beschlüsse als Friedensspender dar: Denn während dem Löwen das heraldische Attribut der Krone fehlt, verleihen das gesenkte Schwert, der Lorbeerkranz und der erhobene Palmzweig ihm Eigenschaften einer Allegorie des Friedens. Dass eine Festdekoration über Jahrhunderte aufbewahrt wurde, stellt eine große Seltenheit dar. *SL*

6

Sammelband der Augsburger Friedensgemälde für die Schuljugend

Johann Michael Roth, Gottselige Augenlust an den Augsburgischen Friedensgemählden, welche wegen des Ao. 1648 gestifteten allgemeinen Reichs- und Religionsfridens unter hiesige Evangelische Schuljugend an ihrem jährlichen […], Augsburg 1748
(Joh. Jac. Lotters fel. Erben)
11 × 6,5 × 3 cm
Stadtmuseum Münster, Inv.-Nr. 2016/218

Literatur: Albrecht 1983; Burkhardt/Haberer 2000;
Duchhardt 1997; Manegold 2016; Mühleisen 2000;
Seitz 2000

Feierlichkeiten unmittelbar nach Abschluss des Westfälischen Friedens 1648 hat es in zahlreichen Städten gegeben. Die jeweiligen Magistrate haben dabei unterschiedliche Akzente gesetzt, bisweilen gab es lediglich Gottesdienste, oder es wurden Gedenkmünzen geprägt. Eine dauerhafte, protestantisch geprägte Erinnerungskultur hat die Reichsstadt Augsburg ausgebildet, die durch den Beschluss der Gleichberechtigung der Konfessionen besonders vom Westfälischen Frieden profitiert hat. Ein von einem Kinderfest begleiteter Feiertag am 8. August, das »Friedensfest«, wird bis heute begangen. Seit 1650 wurden die Kinder anlässlich des Festes mit einem Gebetstext beschenkt

und von 1652 an mit einem grafischen Blatt, auf dem die Erinnerung an den Friedensschluss didaktisch aufbereitet wurde. Die Form dieser aus Kupferstich und Gedicht bestehenden großformatigen Einblattdrucke – seit 1653 »Friedensgemälde« genannt – blieb bis 1789 bestehen. Die Friedensgemälde mit biblischen, reformationsgeschichtlichen, stadt- oder allgemeinhistorischen Themen wurden gesammelt, später wurden auch ganze Sammelbände verlegt. Das ledergebundene Büchlein »Gottselige Augenlust« ist eine Sonderausgabe, die anlässlich des 100-jährigen Friedensjubiläums 1748 für die Augsburger Schüler herausgegeben wurde. Die Seite mit dem Stich des Gemäldes aus dem Jahr 1747, der kleinstdimensioniert die Gesandten am Verhandlungstisch samt Stadtansichten von Münster und Augsburg zeigt, macht deutlich, welch beträchtlicher Aufwand erforderlich gewesen war, alle Friedensgemälde seit 1652 im Miniaturformat zu stechen. In der Bildunterschrift werden die Kinder direkt angesprochen und zum Gotteslob aufgefordert. Friedensgemälde aus anderen Jahren hingegen weisen durchaus auch stärker religionspolitische Züge im Sinne protestantischer Propaganda auf. *SL*

7

Gedenkbuch anlässlich der 200-Jahrfeier des Westfälischen Friedens 1848

Konrad Rüdel: Der Westphälische Friede.
Eine Festgabe zur zweiten Säcularfeier desselben
für das deutsche Volk evangelischen Bekenntnisses,
Nürnberg (Raw) 1848
Stadtmuseum Münster, Inv.-Nr. 2017/193

Literatur: Gedächtnisschrift 1886

Das 200-jährige Jubiläum des Westfälischen Friedens fand im Jahr 1848 in Münster keinerlei Beachtung, wohingegen aus Nürnberg Feierlichkeiten überliefert sind. So trat dort der evangelisch-lutherische Pfarrer Konrad Rüdel (1806–1885) dafür ein, dass das Jubiläum des Friedensschlusses gebührend gefeiert werde. Daher gab er im Februar 1848 ein Gedenkbuch heraus, in welchem er eine kurze Geschichte des Dreißigjährigen Krieges, die Geschehnisse der Friedensverhandlungen und die Bedeutung des Friedensschlusses für Deutschland darlegt.

Vor dem Hintergrund des damals aktuellen Ringens um die Gründung eines deutschen Nationalstaats bedauert Rüdel, dass der Westfälische Friede 1648 nicht aus eigener Kraft, sondern durch das Einwirken ausländischer Mächte, insbesondere des »Reichsfeindes« Frankreich, zustande gekommen sei. Er konstatiert, dass es die deutschen Gebiete nun ohne Einwirkung von außen schaffen müssten, sich zu einem Staat zu vereinigen. Daher schlägt Rüdel in seinem Gedenkbuch eine Feier des Friedens-Jubiläums mit Vertretern aller deutschen Territorien in Nürnberg vor, durch die Zusammenhalt und Eintracht ausgedrückt werden sollte. So würden Krieg und Frieden nicht in Vergessenheit geraten, und man könne die Errungenschaften, aber auch die Schwächen des Friedensschlusses zur Lösung der aktuellen Probleme rund um die Frage der Gründung eines Nationalstaats nutzen. Dabei appelliert Rüdel, der als studierter Theologe außerdem Sprachforschung betrieb und am Deutschen Wörterbuch der Gebrüder Grimm mitwirkte, stets an eine Einhaltung der christlichen Grundsätze und Beibehaltung der im Westfälischen Frieden errungenen Anerkennung der drei christlichen Konfessionen.

In welcher Form die Feier in Nürnberg schließlich stattfand, ist nicht genauer überliefert. Jedoch hat es am 29. Oktober 1848 zumindest einen Gedenkgottesdienst in der Kirche St. Peter gegeben, bei der Konrad Rüdel die Festpredigt hielt. Darin greift er die Thematik des Gedenkbuchs auf, fokussiert sich jedoch vornehmlich auf die Errungenschaften der Herausbildung der evangelisch-lutherischen Konfession nach der Reformation und deren endgültige Gleichstellung im Westfälischen Frieden. *AP*

1898

Die Stadt Münster und das 250. Jubiläum
des Westfälischen Friedens

―

AXEL SCHOLLMEIER

Im Jahr 1898 fanden in Münster erstmals nach 1648 offizielle Feierlichkeiten zum Ende des Dreißigjährigen Krieges statt, und zwar anlässlich des 250. Jubiläums des Westfälischen Friedens. Da die großen Jubiläen zuvor – etwa 1748 oder 1848 – keine Beachtung gefunden hatten, stellt sich die Frage, ob die 250. Jahresfeier einen Wandel in der Beurteilung des Westfälischen Friedensschlusses durch die Stadt Münster bedeutete und dieser nunmehr im Gegensatz zu früher einen Grund zum Feiern darstellte.[1]

Von Seiten der Stadt beschränkten sich die Feierlichkeiten offenbar auf die Verbindung mit der 53. Generalversammlung des Gesamtvereins der deutschen Geschichts- und Altertumsvereine, die Anfang Oktober 1898 in Münster stattfand. Ob von vornherein eine Verbindung zum Friedensjubiläum geplant war, ist zumindest nicht konkret überliefert.[2] Ursprünglich sollte laut Ankündigung im Korrespondenzblatt des Gesamtvereins vom April 1898 die Generalversammlung in Münster wie auch sonst üblich im September abgehalten werden. Im Juni hieß es an gleicher Stelle, dass die Generalversammlung vom 18. bis 21. September stattfinde, bis dann in der Ausgabe von Juli/August folgender Hinweis erschien: »Infolge örtlicher Hindernisse tagt die diesjährige Generalversammlung in Münster (Westfalen) erst vom 2. bis 5. Oktober.« Eine Erklärung, worin diese Hindernisse bestanden haben, findet sich weder hier noch an anderer Stelle. Offensichtlich wird durch die späte Ankündigung aber, dass die Verschiebung eher kurzfristig erfolgte.[3]

An den Vorbereitungen der Generalversammlung in Münster war maßgeblich der erst kurz zuvor von Osnabrück als Direktor an das Staatsarchiv Münster gekommene Friedrich Philippi (1853–1930) beteiligt. Er wies in einem Schreiben vom 24. April 1898 an den Magistrat der Stadt darauf hin, dass man den Gedenktag des Jubiläums »nicht ganz unbemerkt vorübergehen lassen dürfe«. Für die Herausgabe eines Gedenkbuchs und für eine im großen Rathaussaal geplante Gedenkfeier bat er um einen Zuschuss von mindestens 500 Mark. Ende Juni 1898 beschloss dann die münsterische Stadtverordnetenversammlung, einen Zuschuss von 600 Mark zu bewilligen. Erst wenige Tage vor dem Beginn

◀ Abb. 1
Friedensdenkmal, Postkarte, 1906,
Stadtmuseum Münster, Inv.-Nr. PK-1336-2

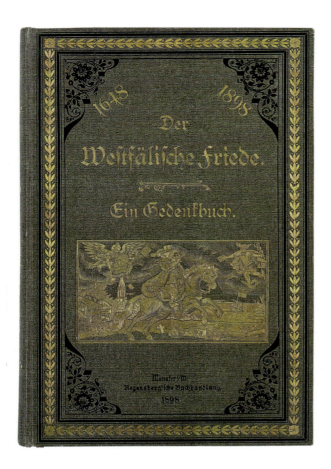

Abb. 2
Der Westfälische Friede. Ein Gedenkbuch
Münster 1898, Stadtmuseum Münster,
Inv.-Nr. 2416

der Tagung erfolgte die konkrete Abstimmung mit der Stadt Münster über einige nicht unwesentliche Fragen des Programmablaufs wie die Einladung der offiziellen Delegierten zu einem von der Stadt ausgerichteten Frühstück oder die Präsentation einer kleinen Ausstellung im Rathaus. Die offenbar zu kurzfristige Planung zeigt sich nicht zuletzt in der Tatsache, dass das Gedenkbuch zum 250-jährigen Jubiläum (Abb. 2) erst Mitte Januar 1899 ausgeliefert wurde.[4]

Im Hinblick auf die Frage, wie die Stadt Münster im Jahr 1898 den Westfälischen Frieden bewertete, ist vor allem die Begrüßungsrede des ersten Bürgermeisters Max Jungeblodt (1854–1923) vor der Generalversammlung interessant. Er fasste das Urteil in dem Satz zusammen: »Endlich kam der Friede, zwar kein ehrenvoller, aber doch ein Friede, der dem zerrütteten Vaterlande Ruhe, wenn auch die Ruhe des Grabes, wiedergab.« Insgesamt sind seine Ausführungen ein Abgesang auf das Kaisertum aus dem Haus Habsburg und ein Loblied auf das Haus Hohenzollern, das Deutschland wieder zu neuer Blüte und Kraft geführt habe.[5]

Festzuhalten ist also, dass die Stadt Münster 1898 zum ersten Mal nach 1648 den Friedensschluss mit einer offiziellen Feier würdigte, diese aber offensichtlich mit dem Aufstieg Deutschlands durch das neue Deutsche Kaiserreich nach 1871 verknüpfte. Allerdings wird deutlich, dass die Feier der Stadt ausschließlich mit dieser Generalversammlung verbunden war. Es gab keinen weiteren Festakt um den eigentlichen Jubiläumstag am 24. Oktober 1898, an dem die Bevölkerung in einem größeren Umfang hätte teilhaben können. In Bad Dürkheim etwa hatte im Vorjahr zum Abschluss der Generalversammlung noch ein öffentliches Feuerwerk stattgefunden. In Münster beschränkte die Stadt ihre Feierlichkeiten weitgehend auf einen begrenzten Kreis von Fachleuten und interessierten Honoratioren.

Das Friedensdenkmal

Eine unmittelbare Folge des Jubiläums war die Idee des 1882 gegründeten privaten Verschönerungsvereins, »zur Erinnerung an den vor 250 Jahren hier abgeschlossenen Frieden ein Denkmal hierselbst zu errichten unter Aufwendung einer Summe von 8–10 000 Mark und dasselbe der Stadt Münster als Geschenk zu überweisen«.[6] Hierüber informierte der damalige Vereinsvorsitzende Eduard Müller (1835–1917) den Magistrat in einem Schreiben vom 28. Oktober 1899 und teilte zugleich mit, dass man als Aufstellungsort die kleine Grünfläche zwischen Servatiiplatz und Eisenbahnunterführung an der Wolbecker Straße vor dem Hotel Monopol ausgewählt habe. Zu diesem Zeitpunkt besaß der Servatiiplatz großstädtisches Flair mit angrenzenden großen Grünflächen und nicht zuletzt mit dem wenige Jahre zuvor vom Verschönerungsverein gestifteten Servatiibrunnen. In unmittelbarer Nähe entstand zu dieser Zeit die Erlöserkirche als erster protestantischer Kirchenneubau in Münster. Nur in diesem frühen Schreiben taucht der Name des bekannten, aus dem nahegelegenen Herzebrock stammenden Künstlers Caspar von Zumbusch (1830–1915) auf. Die Formulierung legt nahe, dass man den in Wien zu einem der berühmtesten Bildhauer seiner Zeit aufgestiegenen Zumbusch wohl nur um den Entwurf einer Skizze zum Aufstellungsort bitten wollte.[7] Allerdings sind für die folgenden Jahre nur wenige Informationen über die weiteren Planungen für das Denkmal überliefert. Der Verschönerungsverein veranstaltete unter münsterischen Bildhauern ein »Concurrenzausschreiben« und wählte von den insgesamt vier eingegangenen Entwürfen den von Wilhelm Bolte (1859–1941) zur Ausführung aus (Kat.-Nr. 9). In der führenden Lokalzeitung »Münsterischer Anzeiger« findet sich im Mai 1900 ein ausführlicher Bericht zu dem Friedensdenkmal.[8] Darin wird nach einer detaillierten Beschreibung vermerkt, dass die Figuren in Galvanotechnik – also nicht massiv – hergestellt werden sollen und die Einweihung des Denkmals bereits für das Jahr 1901 vorgesehen ist. Der später nur noch in Details geänderte Entwurf zeigt eine antikische Friedensgöttin mit Ölzweig auf einem hohen Postament, vor dem ein Krieger seine Waffen niederlegt (Abb. 1).

Die Auseinandersetzungen über den Standort für das Friedensdenkmal

Dann wurde es offenbar für einige Jahre recht ruhig um das Friedensdenkmal. Ob hierfür finanzielle oder andere Gründe ausschlaggebend waren, lässt sich bislang nicht klären. An dem vorgesehenen Aufstellungsort scheint man zunächst festgehalten zu haben. Es muss jedoch zu einem Meinungsumschwung gekommen sein, denn Anfang 1904 teilte der Vorstand des Verschönerungsvereins der Stadt mit, dass es hinsichtlich des Servatiiplatzes Bedenken gebe und man einen neuen Aufstellungsort suche.[9] Bei einer gemeinschaftlichen Begehung habe man einstimmig eine bestimmte und von der Promenade gut einsehbare Stelle an der Kreuzschanze ausgewählt. Trotz der engen personellen Verflechtung zwischen Magistrat und Stadtverordnetenversammlung auf der einen und dem Vorstand des Verschönerungsvereins auf der anderen Seite entwickelte sich in der Folge ein Schriftwechsel, dessen Formulierungen angesichts damaliger Umgangsformen deutliche Missstimmungen offenbaren. Dass die Standortfrage etwa durch den langjährigen Vereinsvorsitzenden und nunmehr als Stadtrat dem Magistrat angehörenden Eduard Müller nicht vorab in vertraulicher Weise zumindest vorgeklärt wurde, macht tieferreichende Differenzen wahrscheinlich. Der Magistrat antwortete im Februar, dass ihm der neu ausgewählte Platz nicht geeignet erscheine. Als Begründung wird angeführt, dass es keine inhaltliche Verbindung zwischen Standort und Denkmal gebe, was allerdings nicht sehr stichhaltig erscheint, da das am Servatiiplatz auch nicht der Fall gewesen wäre. Den eigentlichen Grund für die Ablehnung offenbart die Bemerkung, dass man es nicht für angezeigt halte, »schon jetzt endgültig über den schönsten Platz der Stadt zu verfügen […] um die Erinnerung an ein Ereignis zu verewigen dessen doch nur mit bitteren Empfindungen von jedem Vaterlandsfreunde gedacht wird«. Damit wird offenkundig, dass der Magistrat der Stadt nicht mehr bereit war, einen allzu prominenten und weithin sichtbaren Platz für das Friedensdenkmal zur Verfügung zu stellen. Im April 1904 brachte der Oberbürgermeister zunächst intern den damaligen Standort des Denkmals für die Dichterin Annette von Droste-Hülshoff am sogenannten Kanonengraben ins Spiel. Innerhalb des Magistrats einigte man sich im Verlauf der nächsten Monate darauf, dem Verein diesen Platz in der Nähe des Aegidiitors als Aufstellungsort für das Friedensdenkmal anzubieten. Der Verein hielt aber an seiner Wahl der Kreuzschanze weiterhin fest. Der Universitätsprofessor für Alte Geschichte und nunmehrige Vorsitzende des Verschönerungsvereins Bernhard Niehues (1831–1909) empörte sich in einem Schreiben vom 26. Juli 1904 an den Oberbürgermeister und den Magistrat, erst aus der Zeitung von Plänen zur Umsetzung des Annette-Denkmals gelesen zu haben, »um dadurch Platz für die Aufstellung eines anderen Denkmals zu schaffen«. Erst Anfang September 1904 antwortete der Magistrat, bekannte sich zu den wohl schon öffentlich gewordenen Absichten der Verlegung des Annette-Denkmals an die Kreuzschanze und legte ausführlich die Gründe hierfür dar wie auch für die seines Erachtens besondere Eignung des somit zur Verfügung stehenden Platzes für die Aufstellung des Friedensdenkmals. In dem wenige Tage später verfassten Schreiben des Verschönerungsvereins wird hervorgehoben, dass der Vorstand sich wiederum einstimmig für die Kreuzschanze als Standort des Friedensdenkmals ausgesprochen habe und um Entsprechung dieses Wunsches bitte. Daraufhin schlug der Magistrat vor, das weitere Vorgehen mündlich zu besprechen, was aber offenbar auch nicht zu einer Übereinkunft führte. Mitte Oktober lehnte der Magistrat erneut die Überlassung des Standorts an der Kreuzschanze ab und formulierte in aller Deutlichkeit: »Den Plan das Denkmal daselbst aufzustellen bitten wir endgültig fallen lassen zu wollen.« Zugleich wurde der Vorschlag wiederholt, das Friedensdenkmal am Kanonengraben anstelle des Annette-Denkmals aufzustellen. Damit war es für den Verein in einer an den damaligen Gepflogenheiten gemessen fast schon unhöflichen Klarheit offensichtlich, dass der Standort an der Kreuzschanze nicht zu verwirklichen war.

Erst auf Aufforderung meldete sich der Vorstand Ende 1904 beim Magistrat und erklärte etwas umständlich nun seine Zustimmung, das Friedensdenkmal am Kanonengraben aufzustellen.[10] Daraufhin ging es zügig voran: Im Februar 1905 stimmte auch die Stadtverordnetenversammlung der Versetzung des Annette-Denkmals und der Aufstellung des Friedensdenkmals zu. Mitte März erhielt der Verein dann die Mitteilung, dass nach der Versetzung des Annette-Denkmals das Friedensdenkmal nunmehr errichtet werden könne. Am 20. Juni versendete der Verein schließlich die Einladungen für die feierliche Enthüllung des Friedensdenkmals am 1. Juli 1905 (Abb. 3), das wenige Wochen später offiziell in das Eigentum der Stadt Münster überging.[11] In einem Zeitungsbericht hieß es allerdings, dass die Beteiligung an der Feier nicht groß gewesen sei. In seiner Ansprache begründete der Vereinsvorsitzende Niehues nun die besondere Sinnfälligkeit des Aufstellungsorts am Aegidiitor damit, dass die meisten Gesandten zu den Friedensverhandlungen durch dieses Tor nach Münster eingezogen seien.

Abb. 3
Einweihung des Friedensdenkmals am 1. Juli 1905, Foto: E. Odendahl, Stadtarchiv Münster, Slg. FS 47 Nr. 78

Allerdings gab es das Denkmal nicht einmal vierzig Jahre lang. Bereits im Herbst 1940 entschied der münsterische Oberbürgermeister, das als künstlerisch wertlos erachtete Friedensdenkmal im Hinblick auf eine Beschlagnahmung von Bronzedenkmälern für Kriegszwecke freizugeben. Nach einer Besprechung mit Vertretern der Stadt, der NSDAP, des Provinzialkonservators und der Reichskammer der bildenden Künste hieß es im Sommer 1941: »Die Beseitigung des Denkmals ist erwünscht, weil es ohne künstlerischen Wert ist. Politisch, geschichtlich und heimatlich gesehen, stört es in gewissem Sinne das eigentliche Denkmal der Stadt an den Westf. Frieden den Friedenssaal im Stadtrathaus.«

Das Friedensdenkmal wurde am 28. März 1942 zur Einschmelzung abgeliefert. In der entsprechenden Liste wird es als erstes Objekt der ersten Ablieferung aufgeführt.[12] Der steinerne Sockel wurde erst 1954 beseitigt.

Vom Friedensdenkmal gibt es auffallend wenige Fotos oder Postkarten (Abb. 1), jedenfalls weitaus weniger als von den meisten anderen öffentlichen Denkmälern der Stadt. Das kann mit der üppigen Begrünung der Promenade zusammenhängen, sodass es wohl nur im Winter wirklich gut sichtbar war.

Offenbar stellte es aber im deutschen Kaiserreich das einzige Denkmal dar, das sich ausdrücklich als reines Friedensdenkmal verstand. Die anderen in dieser Zeit entstehenden Denkmäler sind – selbst wenn in ihrer Bezeichnung das Wort Frieden verwendet wird – in allererster Linie Kriegs- oder Siegesmonumente.[13]

Fritz Grotemeyer und sein Historiengemälde »Die Friedensverhandlungen im Rathaussaale zu Münster 1648«

Der aus Münster stammende Fritz Grotemeyer (1864–1947), der in Berlin Malerei an der Hochschule für die bildenden Künste studiert hatte, bot in einem Schreiben vom 8. Oktober 1894 der Stadt Münster die Anfertigung eines großen Historienbilds zum Westfälischen Frieden als Geschenk gegen die Erstattung der Auslagen in Höhe von 2 000 Mark an. Das Gemälde sollte innerhalb von zwei Jahren fertiggestellt und im Rathaus aufgehängt werden (Kat.-Nr. 11). Als Referenz nannte Grotemeyer den Direktor der Hochschule Anton von Werner (1843–1915), dessen Meisterschüler er seit 1894 war. Die Stadt Münster erkundigte sich bei lokalen Honoratioren und bei von Werner nach diesem bis dahin in Münster offenbar weithin unbekannten Maler.[14] Anton von Werner war wegen seines in verschiedenen Versionen erstellten Werkes »Die Proklamierung des Deutschen Kaiserreiches (18. Januar 1871)« einer der berühmtesten akademischen Künstler seiner Zeit und stand auch als bevorzugter Maler und künstlerischer Berater in der Gunst Kaiser Wilhelms II.

Nach positiven Rückmeldungen ging die Stadt auf das Angebot Grotemeyers ein, und im Dezember 1894 kam es zu einem Vertrag zwischen ihm und der Stadt. In dem knapp bemessenen Vertragstext wird ein Honorar von 2 000 Mark, das Recht des Künstlers, sein Werk vor Ablieferung auf Kunstausstellungen zu zeigen, und als »längste Frist« der Übergabe an die Stadt der Zeitraum von fünf Jahren genannt. Damit wird allerdings deutlich, dass das Jubiläum des Westfälischen Friedens 1898 mit der Beauftragung dieses Gemäldes in keinem unmittelbaren Zusammenhang stand. In dem gesamten, recht umfangreichen Schriftverkehr zwischen Auftragserteilung und Ablieferung wird nicht auf diesen Anlass Bezug genommen. Letztlich wurde das Gemälde erst 1902 der Stadt übergeben, und der vereinbarte Preis hatte sich bis dahin vervielfacht.

Grotemeyer trat mit diesem Gemälde in mehrerlei Hinsicht in die Fußstapfen seines Lehrers. Mit seinen detaillierten Porträt- und Kostümstudien orientierte er sich ganz an Anton von Werner, nicht zuletzt wohl auch an den Preisen, die dieser für ein Gemälde einfordern konnte.[15] Auch in der bewussten Hervorhebung der Bedeutung des Hauses Hohenzollern folgt Grotemeyer seinem Mentor, was bereits in einer auch als Holzstich verbreiteten Vorstudie deutlich wurde (Abb. 4): Entgegen der historischen Realität hält er – in einem ähnlichen Ausschnitt wie Gerard ter Borch (1617–1681) in seiner Friedensbeschwörung[16] – einen fiktiven Moment im heutigen Friedenssaal fest, in dem der Gesandte Johann VIII. Graf von Sayn-Wittgenstein (1601–1657) die Forderungen des Kurfürsten Friedrich Wilhelm von Brandenburg (1620–1688) auf einer Landkarte veranschaulicht. In dem Monumentalgemälde hat Grotemeyer insgesamt 27 Personen der münsterischen Gesellschaft – darunter auch eine nicht kleine Anzahl von Mitgliedern des Magistrats und der Stadtverordnetenversammlung – als Modelle der historischen Gesandten wiedergegeben (Kat.-Nr. 11). Dies dürfte zur Bereitschaft der Stadt beigetragen haben, seine steigenden Honorarforderungen zu bewilligen.[17] Wie ter Borch stellt auch Grotemeyer sich in seinem Gemälde im Hintergrund selbst dar.

Das Gemälde fand weit über Münster hinaus ebenso viel Aufmerksamkeit wie Zuspruch und wurde durch Heliogravüren und Buchillustrationen verbreitet. Kaiser Wilhelm II. besuchte das Atelier Grotemeyers sogar persönlich und verlieh ihm für sein Gemälde den preußischen Kronen-Orden. Wohl in diesem Zeitraum erhielt er vom

Abb. 4
**Holzstich nach Fritz Grotemeyer,
Der Westfälische Frieden zu Münster i. W.**
aus: Moderne Kunst. Illustrierte Zeitschrift,
XIII, 15, Tafel XLIV, Berlin 1903, Stadtmuseum
Münster, Inv.-Nr. GR-1063-2

Kaiser den Auftrag, als Geschenk zum fünfzigjährigen Regierungsjubiläum des Großherzogs von Baden eine Kopie der Friedrichsruher Fassung der Kaiserproklamation von Anton von Werner zu malen (Kat.-Nr. 10).

Grotemeyers Gemälde zu den Friedensverhandlungen hing in der Eingangshalle des Rathauses, bis es wegen der zunehmenden Bombenangriffe im Jahr 1943 ausgelagert wurde. Nach dem Krieg befand es sich für lange Zeit im großen Saal des ABC-Schützenhofs an der Steinfurter Straße. Nach aufwändiger Restaurierung wird das Gemälde seit 1990 dauerhaft im Stadtmuseum Münster ausgestellt.

Die Stadt Münster und ihr Verhältnis zum Westfälischen Frieden in der Zeit um 1900

Es muss letztlich offen bleiben, ob es ohne die Generalversammlung des Gesamtvereins der deutschen Geschichts- und Altertumsvereine im Jahr 1898 überhaupt eine Jubiläumsfeier zum 250. Jubiläum des Westfälischen Friedensschlusses in Münster gegeben hätte. Eine langfristige Planung hat sicherlich nicht vorgelegen. Vielmehr hat es den Anschein, dass die Stadt eher durch Anregungen im Rahmen der Vorbereitungen für diese Versammlung als aus eigenem Antrieb kurzfristig dieses Jubiläum feierte.

Nur wenige Jahre nach dem Jubiläum besaß der Westfälische Frieden für die Stadtspitze offenbar nicht genug Bedeutung, um auf die Platzwahl des Verschönerungsvereins für das Friedensdenkmal einzugehen. Sie begründete ihre Ablehnung ausdrücklich mit Vorbehalten gegen den Friedenschluss. Insofern war die Stadt am

Beginn des 20. Jahrhunderts noch weit davon entfernt, mit dem Frieden auch positive Elemente der städtischen Geschichte und einer damit verbundenen Eigenwerbung zu verbinden. Die Erinnerung an den nach wie vor weithin kritisch gesehenen Westfälischen Frieden und auch der Friedensgedanke im Allgemeinen spielten keine Rolle in der öffentlichen Wahrnehmung im aufstrebenden Deutschen Kaiserreich. Der ersten Haager Friedenskonferenz im Jahr 1899 wurde gerade von deutscher Seite mit Ablehnung und Missachtung begegnet. Vielmehr sollten wilhelminische Weltpolitik und imperialistisches Streben Deutschland nun endlich den ihm zustehenden »Platz an der Sonne« verschaffen. Aggressivem Expansionsstreben, etwa durch den Ausbau der deutschen Flotte seit 1898, wurde hingegen ein anderer Stellenwert beigemessen.[18] Trotz der kritischen Haltung des westfälischen Zentrums gegenüber der schließlich auch von der Parteispitze gewährten Zustimmung zum Flottengesetz im Reichstag geht etwa die Gründung einer münsterischen Ortsgruppe des Deutschen Flottenvereins auf den ersten Bürgermeister und Zentrumspolitiker Max Jungeblodt zurück.[19] Der Verein warb massiv für eine deutsche Weltmachtpolitik und übte einen bedeutsamen Einfluss auf die öffentliche Meinung im Kaiserreich aus. Diese sich seit Jahren abzeichnende Entwicklung stand einer differenzierten Betrachtung der Ergebnisse des Westfälischen Friedens im Wege. Nicht zuletzt spielte dabei das Verhältnis zu Frankreich eine Rolle, nachdem die Gebietsverluste in der Folge des Westfälischen Friedens nach dem Sieg über Frankreich im Krieg von 1870/71 revidiert wurden. Die Zugehörigkeit von Elsass-Lothringen zu Deutschland besaß in der deutschen Öffentlichkeit hohen Stellenwert, während für die französische Politik die Rückgewinnung besondere Priorität hatte.[20]

Nach dem Ende des Kulturkampfs verschloss sich also das katholische Milieu in Münster, das lange Zeit wie in vielen katholischen Gebieten Deutschlands den Frieden von 1648 wegen der konfessionellen Bestimmungen als Niederlage empfunden hatte, nicht mehr dem nationalen Aufbruch. Ein Friedensdenkmal, das an den noch weithin als Schmachfrieden empfundenen Westfälischen Friedensschluss erinnerte und dabei nicht zugleich auch den Wiederaufstieg Deutschlands durch das Haus Hohenzollern zu einer neuen Weltmacht thematisierte, geriet dabei offensichtlich zwischen alle Fronten.

Anders gestaltete sich das Engagement der Stadt im Fall des Historienbilds von Fritz Grotemeyer, dessen Erstellung zwar in die Zeit des Jubiläums fällt, aber offensichtlich in keinem unmittelbaren Zusammenhang damit steht. Ganz im Sinne der Zeit nutzt Grotemeyer in nachträglicher Geschichtsumdeutung sein Gemälde für eine Verherrlichung des Aufstiegs von Kurbrandenburg zur europäischen Großmacht. Nur so konnte dem Westfälischen Frieden überhaupt eine nicht nur negative Deutung beigemessen werden, was sich auch in der Rede des ersten Bürgermeisters Jungeblodt bei den Feierlichkeiten 1898 niederschlug. Erst mit dem Aufstieg des Hauses Hohenzollern, »das von der Vorsehung berufen war, Deutschlands Führer zu werden«, seien in der Gegenwart »die Jahre des schrecklichen Krieges überwunden«[21] worden. Mit dem Grotemeyer-Gemälde war der Weg zur endgültigen Aussöhnung zwischen der katholischen Stadt Münster und dem protestantischen Herrscherhaus eingeschlagen. Zum dann tatsächlich von langer Hand vorbereiteten triumphalen Besuch des Kaisers Wilhelm II. im Jahr 1907 war es nur noch ein kleiner Schritt. Allerdings dauerte es noch lange, bis die Stadt Münster im Westfälischen Frieden einen rundum positiven Grund zum Feiern sah. Selbst anlässlich des 300-jährigen Jubiläums nach dem Zweiten Weltkrieg überwog noch eine kritische Sicht auf den Frieden von 1648 – bei der deutschen Geschichtswissenschaft wie auch bei der Stadt Münster.[22]

Anmerkungen

1 Duchhardt 1997; Dethlefs 1998; Thies/Uesbeck 2004; Hoffrogge 2015.
2 In der im Dezember 1897 abgeschlossenen Chronik für das Jahr 1896/97 der münsterischen Abteilung des Vereins für Geschichte und Altertumskunde Westfalen wird die für das kommende Jahr geplante Generalversammlung für Münster zumindest nicht erwähnt. Vgl. Chronik 1897.
3 Vgl. Korrespondenzblatt des Gesammtvereins der deutschen Geschichts- und Alterthumsvereine, 46. Jg., 1898.
4 Vgl. Stadtarchiv Münster, Stadtregistratur Fach 155 Nr. 50, Bd. 1.
5 Die Rede ist wiedergegeben in der Zeitung Westfälischer Merkur, 4. Oktober 1898.
6 Stadtarchiv Münster, Stadtverordnetenregistratur Nr. 374. Über den 1882 gegründeten Verschönerungsverein ist bislang wenig bekannt: Er initiierte und finanzierte neben dem Friedensdenkmal den Servatiibrunnen (1892), einen Brunnen an der Warendorfer Straße (1894), das Kiepenkerl-Denkmal (1896) und den Lambertibrunnen (1909). Die langjährigen Vorsitzenden Stabsarzt a. D. Eduard Müller und Universitätsprofessor für Alte Geschichte Bernhard Niehues gehörten über einen langen Zeitraum der Stadtverordnetenversammlung an. Von 1895 bis 1905 gehörte Müller als unbesoldeter Stadtrat dem Magistrat an. Beide waren noch Mitglied in anderen Vereinen und gehörten zu einem Netzwerk miteinander bekannter städtischer Honoratioren. Vgl. zur Geschichte des Denkmals Metzler 1995; Dethlefs 1998; Goldemann 2016.
7 So hatte es auch der Magistrat verstanden, als er das Anliegen des Vereins an die Stadtverordnetenversammlung übermittelte. 1896 war das Kaiser-Wilhelm-Denkmal dieses Künstlers an der Porta Westfalica eingeweiht worden.
8 Vgl. hierzu Münsterischer Anzeiger vom 15. Mai 1900. Eine Abbildung des Modells und einen kürzeren Artikel brachte die Illustrierte Zeitung, 14. Juni 1900, S. 882. Zu Wilhelm Bolte vgl. Werland 1978.
9 Vgl. hierzu und zum Folgenden Stadtarchiv Münster, Stadtregistratur Fach 155 Nr. 49. In der Tat erscheint die Aufstellung des ganz auf Frontalansicht ausgerichteten Denkmals auf einer kleinen Grünfläche einer großen Straßenkreuzung nicht unproblematisch, wobei die geplante Ausrichtung des Denkmals nicht überliefert ist. Zu der Auffassung, dass der vorgesehene Aufstellungsort nicht mehr geeignet sei, hat auch beigetragen, dass seit 1901 zwei Straßenbahnlinien über den Servatiiplatz fuhren.
10 Der Verschönerungsverein möchte den Eindruck vermieden wissen, für die Versetzung des Annette-Denkmals verantwortlich zu sein.
11 Vgl. Stadtarchiv Münster, Stadtregistratur Fach 155 Nr. 63.
12 Vgl. Stadtarchiv Münster, Stadtregistratur Fach 155 Nr. 150.
13 Vgl. etwa AK München 1999.
14 Vgl. Stadtarchiv Münster, Stadtregistratur Fach 155 Nr. 40. Der befragte Egbert von zur Mühlen antwortete etwa, noch kein Werk von dem Maler Grotemeyer gesehen zu haben. Vgl. ausführlicher zu der Entstehung des Gemäldes Duchhardt 1997, S. 60–68.
15 Vgl. etwa AK Berlin 1993, S. 395. Für sein nur geringfügig kleineres Gemälde »Der Kongress zu Berlin« bewilligten Berliner Magistrat und Stadtverordnetenversammlung die Summe von 60 000 Mark.
16 Vgl. Abb. 2 auf S. 11, Abb. 2 auf S. 22 und Kat.-Nr. 8 in diesem Band.
17 Im Jahr 1900 gehörten acht der 27 auf dem Gemälde wiedergegebenen Personen dem Magistrat oder der Stadtverordnetenversammlung an.
18 Vgl. etwa Hildebrand 1995, S. 200–209; Clark 2013, S. 201–208.
19 Olliges-Wieczorek 1995, S. 230–232. 1908 legte Jungeblodt sein Amt als Vorsitzender nieder. Von 1903 bis 1908 war Jungeblodt auch Vorsitzender der Abteilung Münster der Deutschen Kolonial-Gesellschaft, bei der deutsche »Weltpolitik« wie Flottenausbau volle Unterstützung fanden. Mit Jungeblodts Übernahme des Vorsitzes fand der Verein auch in katholischen Kreisen erheblich mehr Zulauf. Vgl. Olliges-Wieczorek 1995, S. 224.
20 Vgl. Clark 2013, S. 182–187.
21 Vgl. Anm. 5.
22 Duchhardt 1997, S. 85–108. Vgl. auch in diesem Katalog den Beitrag von Bernd Thier, S. 59–65.

8

Der Schwur auf die Ratifikation des Spanisch-Niederländischen Friedens, genannt Friede von Münster, am 15. Mai 1648

um 1898
Heliogravüre nach einem Kupferstich
von Jonas Suyderhoff (um 1613–1686), um 1648–1650
nach einem Gemälde von
Gerard ter Borch (1617–1681),
um 1648, National Gallery, London,
47,3 × 59,5 cm (Platte)
Stadt Münster, Friedenssaal

Literatur: AK Den Haag 1998; AK Münster 1988,
S. 197–198 (Grote); AK Münster 1998, S. 200–201 (Thier);
AK Münster 1998a Katalogbd. S. 221 (Wiedau);
Gludovatz 2014; Manegold 2013; Manegold 2016;
Kettering 1998

Der Nachdruck von Gerard ter Borchs Schwurdarstellung entstand möglicherweise anlässlich des 250. Jubiläums der Friedensschlüsse 1898 und zeugt von der großen Bedeutung, die diesem Historienbild bis in das 19. Jahrhundert hinein beigemessen wurde.

1648 war der die Unabhängigkeit der Niederlande begründende Frieden als positives Zeichen für den baldigen Abschluss aller Verhandlungen angesehen worden, und ter Borchs Komposition wurde zu einem Schlüsselbild, das die Vorstellung von diesem und auch von den nachfolgenden Friedensschlüssen geprägt hat.

Im Kontext der großen Medienproduktion infolge der Friedensschlüsse von 1648 und mit Blick auf die holländische Historienmalerei des 17. Jahrhunderts fällt auf, dass das Gemälde (Abb. S. 11) sehr ausgeprägt den Anspruch auf Augenzeugenschaft erhebt. Auf der linken Seite ist der Maler selbst im Bild zu sehen. Viele Details wie die Schatulle für die Verträge oder die Ausstattung des Saales aus dem 16. Jahrhundert sind zeitgenössisch überliefert. Ter Borch hat seine Bilderzählung verdichtet, indem er die nacheinander abgehaltenen Schwüre der Parteien gleichzeitig stattfinden ließ. Dabei musste er komplizierte diplomatische Regeln beachten, denen zufolge er keinen der 75 Verhandlungspartner malerisch besonders hervorheben durfte. Dass die Szene dabei nicht wie nachgestellt wirkt, liegt daran, dass er eine subtile Verlebendigung der Figuren durch Gesten und porträthafte Gesichtsausdrücke erzeugte.

Wahrscheinlich hatte der Maler von Anfang an eine druckgrafische Vervielfältigung im Blick. Erste Abzüge sind schon 1650 belegt. Der Nachdruck aus dem 19. Jahrhundert kann jedoch nicht nach der Originaldruckplatte des 17. Jahrhunderts angefertigt worden sein, da er in den Maßen geringfügig abweicht. *SL*

9
Das münsterische Friedensdenkmal auf der Aegidiischanze

Postkarte, Verlag F. E. D.,
um 1906, 9,8 × 14,6 cm
Stadtmuseum Münster, Inv.-Nr. PK 5156-292-2

Literatur: Dethlefs 1997; Goldemann 2016; Metzler 1995

Das Friedensdenkmal wurde am 1. Juli 1905 feierlich auf der Aegidiischanze am Kanonengraben eingeweiht. Das nach dem Entwurf des münsterischen Bildhauers Wilhelm Bolte (1859–1941) geschaffene Denkmal stand auf einem quadratischen Unterbau. Das mehrfach gegliederte Postament aus rotem Granit trug auf der Rückseite die Inschrift »Zur Erinnerung an den Abschluß des Westfälischen Friedens 1648. Errichtet vom Verschönerungs-Verein Münster 1905« und auf der Vorderseite unten in Bronze die Buchstaben »PAX«. Darüber lagen Waffen und Standarten, zu denen eine etwa zwei Meter große vollplastische Figur eines Reitersoldaten im Harnisch sein Schwert legte. In den oberen Bronzefries des Postaments waren die Wappen der am Westfälischen Frieden beteiligten Mächte sowie der Städte Münster und Osnabrück eingefügt. Auf dem Postament stand die bekrönende Friedensfigur aus Bronze mit einer Höhe von 2,60 Metern. In ihrem am Körper anliegenden linken Arm hielt sie einen Ölzweig, während die rechte Hand zu einer Art Friedensgestus erhoben war. Die Bronzearbeiten stammten von der Firma Förster und Kracht in Düsseldorf. Die in Hohlgalvanotechnik gefertigten Figuren wurden im Jahr 1942 demontiert und für die nationalsozialistische Rüstungsproduktion eingeschmolzen. Der verbliebene Sockel wurde 1954 abgebrochen. Der Entwurf für dieses vom münsterischen Verschönerungsverein finanzierte Friedensdenkmal lag bereits im Jahr 1900 vor. Die Gründe, warum sich die Herstellung verzögerte, sind nicht bekannt. Die Gestaltung des Bildhauers Bolte verzichtete auf jegliches Zeichen oder Attribut des Sieges. Vielmehr wurde das Denkmal von der Friedensfigur beherrscht, der die Waffen zu Füßen gelegt wurden. In zeitgenössischen Beschreibungen hieß es dazu, dass »nicht ein glänzender Sieg, sondern das allmähliche Erlahmen der Kräfte der streitenden Völker den Frieden 1648 bedingt habe«.

Das münsterische Friedensdenkmal hat trotz seiner imposanten Höhe von insgesamt rund sieben Metern nur wenig Beachtung über Münster hinaus gefunden, obwohl – oder vielleicht weil – es offenbar das einzige Denkmal im Deutschen Kaiserreich von 1871 war, das ausschließlich den Frieden ohne Verbindung zu einem ruhmreichen Sieg darstellte. *AS*

10

Die Proklamierung des Deutschen Kaiserreiches (18. Januar 1871)

Fritz Grotemeyer (1864–1947)
nach Anton von Werner, 1902
Foto des Gemäldes (Öl auf Leinwand), 199 × 251 cm
Privatbesitz

Literatur: AK Berlin 1993; VK Baden-Baden 1995

Das im Jahr 1877 von Anton von Werner (1843–1915) vollendete großformatige Gemälde der Kaiserproklamation war ursprünglich ein Auftrag des Großherzogs von Baden. Die deutschen Fürsten und freien Städte überreichten das Gemälde später gemeinsam Kaiser Wilhelm I. zu seinem achtzigsten Geburtstag. Es hing im Berliner Schloss. Fünf Jahre später entstand eine weitere Fassung für das Berliner Zeughaus. Die dritte sogenannte Friedrichsruher Fassung, die im Gegensatz zu den beiden vorherigen nicht im Zweiten Weltkrieg zerstört wurde, malte von Werner im Auftrag des Kaisers als Geschenk für Reichskanzler Otto von Bismarck zu dessen siebzigstem Geburtstag im Jahr 1885. In dieser Variante werden entgegen der historischen Realität der Kaiser und der Kronprinz links, Generalfeldmarschall Helmuth Graf von Moltke und vor allem Bismarck in der Mitte besonders hervorgehoben. Das bedeutete eine deutliche Akzentuierung der preußischen Selbstdarstellung, die diese Fassung zum nationalen Kultbild im Deutschen Kaiserreich werden ließ.

Fritz Grotemeyer malte seine Kopie der Friedrichsruher Fassung im Auftrag Kaiser Wilhelms II. als Geschenk zum fünfzigsten Regierungsjubiläum im Jahr 1902 für Großherzog Friedrich I. von Baden, der bei der Zeremonie 1871 eine besondere Rolle gespielt hatte und ein Onkel Kaiser Wilhelms II. war.

Das Gemälde hing zunächst im Karlsruher Schloss und dann im Neuen Schloss in Baden-Baden. Im Jahr 1995 wurde es privat erworben. *AS*

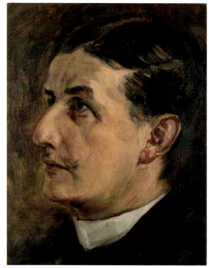

11

»Die Friedensverhandlungen im Rathaussaale zu Münster 1648«
Zwölf Porträtskizzen zu dem Gemälde

Fritz Grotemeyer (1864–1947)
1895–1902
Öl auf Leinwand, auf Karton aufgezogen
Stadtmuseum Münster

Literatur: Duchhardt 1997, S. 60–68; Galen/Schollmeier 1996, S. 14–16; Kempmann 2008, S. 100–105

Der aus Münster stammende Maler Fritz Grotemeyer schuf das Gemälde »Die Friedensverhandlungen im Rathaussaale zu Münster« in den Jahren von 1895 bis 1902 in Berlin, wo er nach seinem Studium Meisterschüler des dortigen Akademiedirektors Anton von Werner (1843–1915) war. Grotemeyer hatte seiner Heimatstadt angeboten, ein großes repräsentatives Historiengemälde anzufertigen, das die Verhandlungen zum Westfälischen Frieden in Münster zeigt. Im Dezember 1894 kam es zu einem Vertragsabschluss zwischen der Stadt Münster und dem Künstler. Das vereinbarte Honorar wurde bis zur Vollendung des Gemäldes um ein Vielfaches erhöht.

Das Gemälde gibt wie auf einer Theaterbühne einen frontalen Blick auf die rückwärtige Wand der Ratskammer frei, vor der sich, in verschiedenen Gruppen arrangiert, die Friedensgesandten befinden. Die Innenarchitektur des Raumes mit seiner reichen Holzvertäfelung ist sehr detailgetreu wiedergegeben. Vor allem auf die Darstellung der rückwärtigen Nordwand hat Grotemeyer große Sorgfalt verwendet. Man erkennt etwa das Kruzifix vor dem Mittelteil der Wand, neben dem die kleinen, von vertikal aufsteigenden Strebepfeilern untergliederten Schranktüren ansetzen. Die darüber liegenden Querfüllungen werden von durchbrochenen Renaissance-Giebeldreiecken überfangen. Auch die oberen Zonen mit ihren unterschiedlichen Füllungen und dem bläulichen Sternenhimmel gibt Grotemeyer ebenso genau wieder wie die Holzverkleidungen an der Fensterwand.

▲ v. l. n. r.

1 **Dr. Alfred von Gescher**, Regierungspräsident
26 × 21 cm, Inv.-Nr. GE-0572-2

7 **Wilhelm Baltzer**, Juwelier
30,5 × 23 cm, Inv.-Nr. GE-0256-2

9 **Job Deiters**, Kaufmann
28 × 21,5 cm, Inv.-Nr. GE-0576-2

11 **Franz Langen**
27,5 × 21,5 cm, Inv.-Nr. GE-0574-2

Besondere Aufmerksamkeit widmet er dem Kronleuchter. Als Vorbild hat offensichtlich das Gemälde der Friedensbeschwörung von Gerard ter Borch (1617–1681) gedient (Abb. 2, S. 11 und Kat.-Nr. 8).

Vor dieser Kulisse sind die handelnden Personen so aufgebaut, dass man beim Betrachten das Gefühl erhält, man nehme selbst an den Verhandlungen teil. Dieser Eindruck wird, abgesehen von dem Bühnencharakter, noch durch den weit nach vorn gezogenen runden Tisch verstärkt, an dessen Vorderseite niemand sitzt. Die nahezu dreißig auf dem Gemälde dargestellten Personen hat Grotemeyer als historisch bestimmbare Personen wiedergegeben (siehe Umzeichnung). Der Maler will so einen bestimmten Augenblick der Verhandlungen festhalten. Es handelt sich um den Moment, in dem Johann VIII. Graf von Sayn-Wittgenstein (1601–1657), der Abgesandte des Großen Kurfürsten, die territorialen Ansprüche Kurbrandenburgs vorträgt. Grotemeyer lässt keinen Zweifel, dass es sich dabei um die Hauptperson des Gemäldes handelt: Das feine Gewand und das Gesicht des Grafen leuchten in dem von rechts einfallenden Licht auf, während er mit energisch ausgestreckter Hand seine Forderungen verdeutlicht.

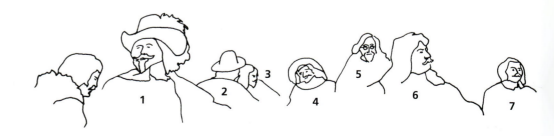

Die auf dem Gemälde dargestellten münsterischen Bürger und deren historische Vorbilder

1. **Dr. Alfred von Gescher**, Regierungspräsident = **Magnus Gabriel de la Gardie**, schwedischer Diplomat
2. **Rückenfigur** = **Johann de Knuyt**, niederländischer Gesandter für Zeeland
3. **Anton Havixbeck-Hartmann**, Kaufmann = **Franz Egon Graf von Fürstenberg**, kurkölnischer Diplomat
4. **Carl Ebert**, Hut- und Kurzwarenhändler = **Johann Krane**, kaiserlicher Hofrat
5. **Pater Wigger** = **Hugo Friedrich Freiherr von Eltz**, kurtrierischer Diplomat
6. **Dr. Wilhelm Kaute**, Rentner = **Johann VIII. Graf von Sayn-Wittgenstein**, kurbrandenburgischer Diplomat
7. **Wilhelm Baltzer**, Juwelier = **Octavio Piccolomini**, kaiserlicher General
8. **Greve** = **Maximilian Graf von Trauttmansdorff**, kaiserlicher Diplomat
9. **Job Deiters**, Kaufmann = **Gaspar de Bracamonte y Guzmán**, Conde de Peñaranda, spanischer Diplomat
10. **Walter Graf von Looz-Corswarem**, Maler, Berlin = **Johann Oxenstierna**, schwedischer Diplomat
11. **Franz Langen** = **Johann Maximilian Graf von Lamberg**, kaiserlicher Diplomat
12. **Bernhard Esch**, Kolonialwarenhändler = **Henri II. d'Orléans Longueville**, französischer Diplomat
13. **Leopold Overhamm**, Assessor a. D. = **Johann von Giffen**, Diplomat des Erzherzogs Leopold Wilhelm von Österreich
14. **Max Apffelstaedt**, Zahnarzt = **Alexander Erskein**, schwedischer Diplomat
15. **August Franke**, Bauunternehmer = **Johann von Reumont**, Stadtkommandant von Münster
16. **Stadtrat Adolph Kleimann**, Rentner = **Johann Rudolf Wettstein**, Bürgermeister von Basel
17. **Fritz Grotemeyer**, Maler, Berlin/Münster = **Ferdinand Ernst Graf von Waldstein**, kaiserlicher Diplomat
18. **Prof. Dr. Bernhard Niehues**, Historiker, Geheimer Regierungsrat = **Arnold Teckmann**, Rechtsgelehrter (?)
19. **Franz Deckwitz**, Metzgermeister = **Johannes Timmerscheidt**, Bürgermeister von Münster
20. **Caspar Wippo**, Juwelier = **Johann Fromhold**, kurbrandenburgischer Diplomat
21. **Dr. Florenz Kajüter**, praktischer Arzt = **Heinrich Herding**, Bürgermeister von Münster
22. **Dr. Wilhelm Farwick**, Bürgermeister = **Carl Gustav Wrangel**, schwedischer General
23. **Max Gereon Graf von Galen**, Weihbischof = **Fabio Chigi**, päpstlicher Nuntius
24. **Prof. August Rincklake**, Kirchenarchitekt = **Johann Georg Freiherr von Puech**, Gesandter für den Fürstbischof von Freising
25. **Hermann C. Bispinck**, Kaufmann = **Heinrich Langenbeck**, Diplomat des Herzogs Friedrich von Braunschweig-Lüneburg
26. **Oswald Gehring**, Rentner = **Frans van Donia**, niederländischer Gesandter für Friesland
27. **Wilhelm Knake** = **Johann Georg von Merckelbach**, badischer Diplomat
28. **Anton Schwarte** = **Abel Servien**, Comte de la Roche, französischer Diplomat

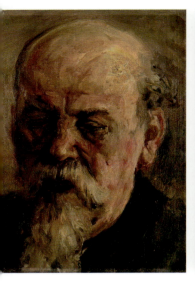  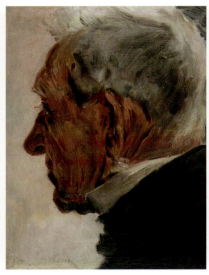 

▲ v. l. n. r.

13 **Leopold Overhamm**, Assessor a. D.
28,6 × 22 cm, Inv.-Nr. GE-0262-2

15 **August Franke**, Bauunternehmer
24,6 × 21,7 cm, Inv.-Nr. GE-1356-2

16 **Stadtrat Adolph Kleimann**, Rentner
28,4 × 22 cm, Inv.-Nr. GE-0261-2

19 **Franz Deckwitz**, Metzgermeister
27,5 × 20,5 cm, Inv.-Nr. GE-0575-2

21 **Dr. Florenz Kajüter**, praktischer Arzt
31,3 × 23,8 cm, Inv.-Nr. GE-0260-2

22 **Dr. Wilhelm Farwick**, Bürgermeister
26,5 × 20 cm, Inv.-Nr. GE-0573-2

24 **Prof. August Rincklake**, Kirchenarchitekt
36,5 × 30,5 cm, Inv.-Nr. GE-0570-2

28 **Anton Schwarte**
30,7 × 23,3 cm, Inv.-Nr. GE-0257-2

Gaspar de Bracamonte y Guzmán, Graf von Peñaranda (1596 – 1676), der spanische Gesandte, verfolgt die Ausführungen seines Gegenübers auf einer großen Landkarte, die er in seinen Händen hält. Die rechts anschließende – teilweise stehende, teilweise sitzende – Gesandtengruppe nimmt die Forderungen des Grafen offenbar mit unterschiedlichem Interesse auf. Johann von Giffen mit der Halskrause und Fabio Chigi (1599 – 1667), der päpstliche Gesandte und spätere Papst, wirken eher uninteressiert. Im Hintergrund folgen mit ruhiger Miene unter dem Kruzifix die Vorsitzenden Maximilian Graf von Trauttmansdorff (1584 – 1650), Octavio Piccolomini (1599 – 1656) und Johann Maximilian Graf von Lamberg (1608 – 1682) der Szene. Im Vordergrund lockern die beiden Hunde und die Kiste mit Büchern sowie der Sessel mit Hut und Degen des kurbrandenburgischen Gesandten die Darstellung auf.

Grotemeyer hat das Gemälde durch eine Vielzahl von Skizzen vorbereitet. Für das genaue Studium der Kostüme reiste er eigens nach Kopenhagen. Für die Köpfe der Gesandten standen ihm damals bekannte münsterische Persönlichkeiten und Geschäftsleute Modell. Unter ihnen befinden sich acht Mitglieder des münsterischen Magistrats und der Stadtverordnetenversammlung wie auch der münsterische Regierungspräsident Alfred von Gescher (1844 – 1932) und der münsterische Weihbischof Max Gereon Graf von Galen (1832 – 1908).

Die Historienmalerei stand in der Rangfolge der offiziellen Malerei des 19. Jahrhunderts an erster Stelle. Die wie bei einem Theaterstück

auf der Bühne arrangierte und inszenierte Darstellung sollte die Betrachter unmittelbar einbeziehen und ansprechen. Bilder mit historisch-nationalem Inhalt sollten erzieherisch wirken, indem sie bedeutende Momente der deutschen Geschichte veranschaulichten. Die Berliner Akademie war unter ihrem Direktor Anton von Werner zum Zentrum der nationalen Historienmalerei geworden. Noch heute findet sich in nahezu jedem Schulgeschichtsbuch sein Gemälde der Kaiserproklamation im Spiegelsaal zu Versailles, von dem Grotemeyer im Auftrag von Kaiser Wilhelm II. 1902 eine Kopie erstellte (Kat.-Nr. 10). Von seinem Lehrer und Vorbild übernahm Grotemeyer diese Kunstauffassung, die allerdings noch in den Jahren vor dem Ersten Weltkrieg wegen ihres übertrieben nationalen Charakters und ihrer mangelnden künstlerischen Aussagekraft an Bedeutung verlor.

An dem Bild von Grotemeyer als Historienbild ist noch Folgendes bemerkenswert: Die dargestellte Szene mit dem Grafen von Sayn-Wittgenstein als sehr bestimmt und nachdrücklich auftretendem kurbrandenburgischen Verhandlungsführer kann sich im münsterischen Friedenssaal nicht zugetragen haben. Die preußischen Ansprüche wurden in Osnabrück und nicht in Münster verhandelt; der kurbrandenburgische Gesandte hat in Münster nie seine Position vertreten. Aufgrund seiner intensiven Vorbereitung dürfte Grotemeyer dieser historische Sachverhalt bekannt gewesen sein. Er nutzt das Gemälde in nachträglicher Geschichtsumdeutung offensichtlich für eine Verherrlichung des Aufstiegs von Kurbrandenburg zu einer europäischen Großmacht. Das Gemälde ist damit indirekt auch eine Huldigung an den preußischen König und deutschen Kaiser Wilhelm II.

Fritz Grotemeyer erlangte mit historisch-nationalen und die preußische Geschichte verherrlichenden Gemälden eine große Bekanntheit. Die Bereitschaft der münsterischen Stadtspitze, für dieses Gemälde eine hohe Geldsumme auszugeben, und die große Beliebtheit des Bildes bei der münsterischen Bevölkerung machen die veränderte Haltung in der münsterischen Stadtgesellschaft deutlich: Die religiösen Auseinandersetzungen zwischen katholischem Münster und protestantischem Preußen traten nach 1900 hinter die zunehmende nationale Begeisterung zurück. *AS*

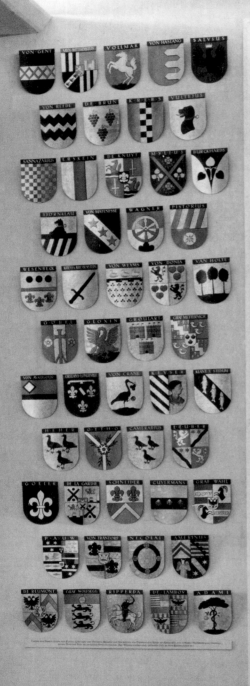

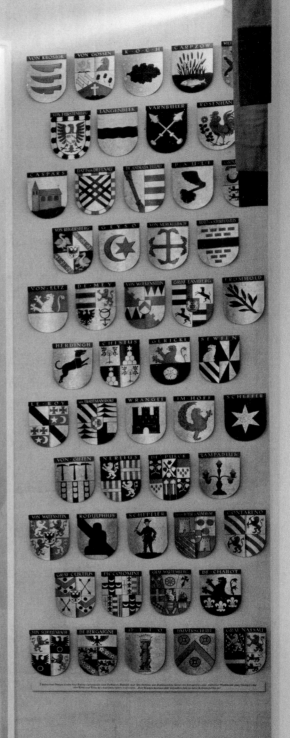

1648

FRANKREICHS GRÖSSTER TRIUMPH

DEUTSCHLANDS TIEFSTE SCHMACH

»Westfälischer Zwangsfriede«

Der Blick auf den Westfälischen Frieden in Münster
während der nationalsozialistischen Herrschaft

BERND THIER

Ende des 19. Jahrhunderts war, bedingt durch das zumindest formal begangene 250-jährige Jubiläum 1898, der Westfälische Friede von Münster wieder im Bewusstsein der historisch interessierten Bürger der Stadt verankert. Eine Neubewertung des weiterhin immer noch negativ besetzten wichtigsten Ereignisses der Stadtgeschichte hatte allerdings noch nicht stattgefunden.

Nach der katastrophalen Niederlage und dem Ende des Ersten Weltkriegs 1918 wurde der historische Friedensschluss – nicht nur in Münster, sondern reichsweit – weiterhin als »Tiefpunkt der deutschen Geschichte« betrachtet. Bald schon wurden Parallelen zwischen dem Vertrag von 1648 und dem von den Siegern »diktierten« Versailler Vertrag von 1919 gezogen.

◀ Abb. 1
Blick in die Reichsausstellung
»Der Westfälische Friede«
Stadthalle Münster, Foto Wilhelm Rösch, 1940,
Stadtarchiv Münster, Slg. FS Nr. 6355

Dieser beendete den Krieg zwar völkerrechtlich, hatte aber für Deutschland nachhaltig negative Folgen. Man sprach daher auch von einem »Friedensdiktat«.

Die Stadt Münster wollte offenbar nicht mit dem Friedensschluss von 1648 in Verbindung gebracht werden. Daher wurden in den 1920/30er Jahren vor allem die bekannten »Wiedertäufer« als Werbeträger für die Stadt genutzt. Das heute allseits bekannte Bild vom Friedensreiter nach dem historischen Flugblatt von 1648 (Kat.-Nr. 3) erscheint in der städtischen Werbung zu dieser Zeit noch nicht.

Eine intensivere Beschäftigung mit dem Westfälischen Frieden fand erst wieder statt, nachdem 1933 die Nationalsozialisten an die Macht gekommen waren. Im Frühjahr 1937 trat der münsterische Stadtarchivar Dr. Eduard Schulte (1886–1977), der sich bereits mit dem Thema intensiv beschäftigt hatte, an den nationalsozialistischen Oberbürgermeister von Münster Albert Hillebrand (1889–1960) heran, um erste Absprachen zur Vorbereitung der 300-Jahrfeier des Westfälischen Friedens für das Jahr 1948 zu treffen. Er betonte die Wichtigkeit des Ereignisses und schlug drei wesentliche Planungspunkte vor: eine Ausstellung zum Thema, eine Gedenkfeier am 15. Mai 1948 sowie die Herausgabe eines »umfassenden Geschichtswerkes«. Mit den Vorarbeiten sollte aufgrund der Größe des Projekts möglichst früh begonnen werden.

Der Oberbürgermeister stimmte Schultes Vorschlägen zu und verwies auf die mögliche Hilfe des Reichspropagandaministeriums in Berlin, das sich dieses Projekts umgehend annahm. Aber erst mit dem Ausbruch des Zweiten Weltkriegs 1939 erhielt das bevorstehende Ereignis eine wichtige propagandistische Bedeutung für die Nationalsozialisten. Der Westfälische Friede wurde wie schon zuvor mit dem Versailler Vertrag von 1919 verglichen. Der »Erbfeind« Frankreich habe am 3. September 1939 den Krieg gegen das Deutsche Reich begonnen und plane die Vernichtung Deutschlands. Dies sei schon bei den Friedensschlüssen von 1648 und 1919 Frankreichs Ziel gewesen.

Adolf Hitler propagierte daher ausdrücklich im Sommer 1940 als ein Kriegsziel die »Zerstörung des französischen Systems von 1648« und beabsichtigte, den künftigen Friedensschluss mit Frankreich, also die »endgültige Unterwerfung« des Landes, in Münster »an der Stätte des Westfälischen Friedens« zu vollziehen. Letztlich entschied er sich dann aber im Juli 1940 für Berlin als möglichen Ort für einen solchen Friedensakt, der Frankreichs Stellung als »Großmacht für die Zukunft hinfällig machen sollte«. In Münster sollte lediglich eine Gedenkveranstaltung stattfinden.

Dort hatten alle diese Überlegungen schon im Vorfeld wichtige Folgen: Bereits am 11. Januar 1940 trat im Rathaus der Stadt Münster die »Forschungsstelle Westfälischer Frieden« unter Leitung Schultes zusammen. Sie sollte nun umgehend, und nicht erst 1948, eine »Reichsausstellung« für das Propagandaministerium konzipieren, für die ausreichend Geldmittel zur Verfügung gestellt wurden. Später sollte diese Ausstellung auch an verschiedenen anderen Orten Deutschlands gezeigt werden.

Gemäß den Vorstellungen der Partei- und Staatsführung musste Schulte allerdings seine geplante Darstellung ändern: Nicht mehr der Streit um kirchliche Lehrmeinungen als Anlass für den Ausbruch des Dreißigjährigen Krieges sollte im Mittelpunkt stehen, sondern die »Erbfeindschaft« zwischen Deutschland und Frankreich und das erklärte Ziel einer »Überwindung des Westfälischen Friedens«.

Da aus didaktischen und sicherheitstechnischen Gründen während des Krieges und der Planung als Wanderausstellung keine Originale gezeigt werden sollten, wurden zahlreiche Gemäldekopien (Abb. 1), Schaubilder und Dioramen erstellt. Zeitweise waren bis zu fünfzig Künstler und Handwerker beschäftigt, von denen die jüngeren aufgrund ihrer besonderen Qualifikation sogar aus dem aktiven Dienst als Soldaten von der Front abgezogen wurden. Aus Münster waren an dem Projekt unter anderem die bekannten Maler Bernhard Peppinghege (1893–1966), Bernhard Bröker (1883–1969), Hans Lautenbach (um 1908–1944) und Ernst Hermanns (1889–1980) sowie der in Münster geborene, schon 76-jährige Fritz Grotemeyer (1864–1947), der in Berlin lebte, beteiligt.

Zur gleichen Zeit arbeitete Schulte, zusammen mit dem Parteihistoriker und wissenschaftlichen Referenten beim Überwachungsamt Rosenberg Friedrich Kopp, an einem Buch über den Westfälischen Frieden. Es sollte das Thema aus rein nationalsozialistischer Perspektive darstellen (Abb. 2). An einigen Stellen wurde die neue Deutung des historischen Ereignisses auch sprachlich mit Brachialgewalt vermittelt.

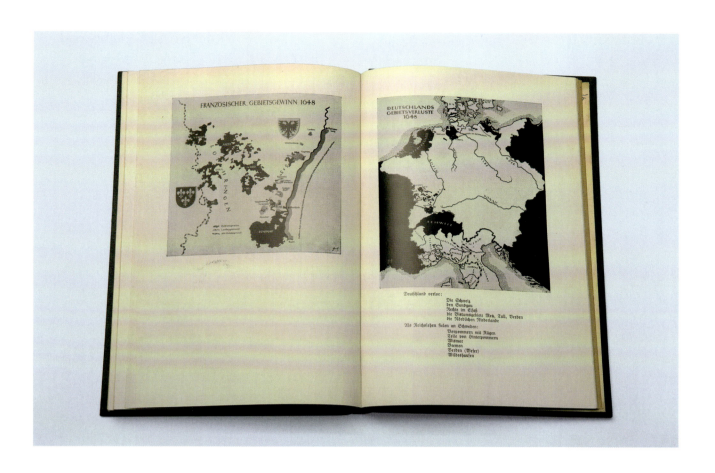

Abb. 2
Didaktische Karten in der Publikation von Friedrich Kopp und Eduard Schulte:
Der Westfälische Frieden. München 1940, Stadtmuseum Münster, Inv.-Nr. 720

Es finden sich Formulierungen wie »Westfälischer Zwangsfriede«, »Mordfriede« und »Gewaltfriede«, oder aber der Begriff »Frieden« wurde in Anführungsstriche gesetzt.

Der Verlauf des Krieges im Frühjahr und Sommer 1940 veränderte jedoch die Situation: Der Feldzug gegen Dänemark und Norwegen lenkte den Blick auf Skandinavien, sodass die propagandistische Intention der Ausstellung nun kurzfristig auch gegen Schweden gerichtet war.

Bereits im Herbst 1940 war die Ausstellung in der Stadthalle an der Neubrückenstraße fertig aufgebaut. Das Ausstellungsvorhaben wurde allerdings erneut durch die militärischen Ereignisse überholt: Die politische Lage hatte sich gewandelt. Nach der Besetzung Frankreichs hoffte man nun, die Franzosen für einen Krieg gegen England gewinnen zu können, und eine negative Propaganda gegen Frankreich passte plötzlich nicht mehr ins Bild.

Eine Eröffnung der Ausstellung hat daher niemals stattgefunden, sie wurde im Herbst 1940 lediglich den Offizieren des Standorts des Wehrkreiskommandos Münster sowie später auch ausgewählten Lehrerinnen und Lehrern gezeigt. Die Vorbereitungen waren zuvor unter strenger Geheimhaltung erfolgt, die Bevölkerung erfuhr davon nur gerüchteweise. Allerdings ist der Abschlag eines Postsonderstempels mit dem Datum vom 20. Juli 1940 erhalten, der auf die Reichsausstellung »Der Westfälische Friede« hinweisen sollte, aber nie verwendet wurde. Im August 1940 war in der Zeitschrift »Westfalen im Bild« ein Artikel zur bevorstehenden

Abb. 3
**Blick in die Reichsausstellung
»Der Westfälische Friede«,**
Stadthalle Münster, Foto Wilhelm Rösch, 1940,
Stadtarchiv Münster, Nachlass Schulte, Karton IV,
Mappe II, Nr. 6

Eröffnung erschienen, der die propagandistischen Aussagen deutlich widerspiegelt und sogar einige sehr polemische und antisemitische Passagen beinhaltet. Offenbar wurde dieser Beitrag aber kaum zur Kenntnis genommen, über Diskussionen, warum die Ausstellung dann doch nicht eröffnet wurde, ist nichts bekannt. Nachdem sie für das Reichspropagandaministerium ausgiebig fotografiert worden war, wurde sie ab dem 3. Dezember wieder abgebaut.

Die zahlreichen Fotos sind heute fast die einzigen Quellen, um Konzeption, Intention und Gestaltung der Ausstellung von 1940 zu rekonstruieren, und geben einen guten Eindruck vom damaligen, sehr modern wirkenden Erscheinungsbild (Abb. 3). Die propagandistische Darstellung der historischen Ereignisse des Dreißigjährigen Krieges und des Friedensschlusses von 1648 sollte mit Hilfe einer monumentalen Ausstattung, wirkmächtiger Rauminszenierungen und kurzer, gut lesbarer Erläuterungen – vor allem mit wandgroßen Schlagworten – erzielt werden.

Die überspitzten, sehr knappen und auf wenige markante Aussagen reduzierten Texte sollten wie in vielen anderen Propagandaausstellungen jener Jahre die Wahrnehmung der Besucherinnen und Besucher beeinflussen und missbrauchten die überlieferten historischen Fakten im Sinne der nationalsozialistischen Machthaber. Nur historisch Interessierten und Gebildeten wäre dies aufgefallen. Der Grundtenor und die politischen Absichten der manipulativen Inszenierungen wären sicherlich überregional bzw. reichsweit zur Kenntnis genommen und entsprechend gewürdigt worden.

So war der erste Ausstellungsraum bis in eine Höhe von etwa sieben Metern mit Fahnen, Wappen der Friedensgesandten und Schaubildern versehen und sollte durch seine Größe eine überwältigende Wirkung erzielen (Abb. 1). Im Hintergrund ist als zentrales Ausstellungsobjekt das speziell angefertigte monumentale Gemälde mit dem Porträt des französischen Kardinals Richelieu zu sehen (Kat.-Nr. 12), des vermeintlichen Hauptwidersachers und somit angeblichen Hauptverantwortlichen für die »Zerschlagung« Deutschlands. Das Jahr 1648 sei »Frankreichs größter Triumph« und »Deutschlands tiefste Schmach« gewesen.

Mit Hilfe der zahlreichen aufwändig gestalteten Schaubilder, Dioramen und Kopien von Porträtgemälden sollte der Eindruck erweckt werden, im Westfälischen Frieden von 1648 habe der seit langem geplante »räuberische Vormarsch Frankreichs an den Rhein« einen Höhepunkt erfahren (Abb. 3). Die Darstellung der angeblichen okkupativen französischen Deutschlandpolitik reichte hierbei von 1552 bis zu ihrem aktuellen Abschluss im Jahr der Ruhrbesetzung 1923.

Die Forschungsstelle, deren Aktivitäten auch nach dem Abbau der Ausstellung fortgesetzt wurden, blieb durch Untersuchungen und diverse Maßnahmen Schultes im Gespräch und konzipierte weitere Präsentationen für die kommenden Jahre. Schon seit April 1940 hatte Schulte im Auftrag des Gauleiters Alfred Meyer aufwändige Dokumentationsmappen zur Geschichte des Westfälischen Friedens aus nationalsozialistischer Sicht mit Faksimiles wichtiger Dokumente erstellt, die an zentrale Entscheidungsträger verschenkt wurden (Kat.-Nr. 13).

Im Frühjahr 1942 wurde die Forschungsstelle aufgrund der alliierten Bombenangriffe auf Münster nach Schloss Wöbbel bei Detmold in Ostwestfalen verlegt, wo 1945 die meisten Unterlagen durch die Mitarbeiter vernichtet wurden.

Erhalten blieben aber unter anderem die Fotos der Ausstellung sowie einige wenige Dokumente im Nachlass von Eduard Schulte im Stadtarchiv Münster und einige Akten im Landesarchiv NRW – Abteilung Westfalen – in Münster.

Mehrere dekorative Objekte der Ausstellung gelangten Ende der 1940er Jahre nach Münster zurück und zierten öffentliche Gebäude der Stadt oder gelangten – als Städtischer Kunstbesitz – vorübergehend in das Depot des Landesmuseums und später in das 1979 gegründete Stadtmuseum Münster. So sind heute noch neun als Kopien eigens für die Ausstellung angefertigte Gemälde (Kat.-Nr. 12) und drei große Wandbilder sowie didaktisches Material erhalten, darunter zum Beispiel 26 hölzerne Schilde mit den Wappen der Friedensgesandten, die 1643 bis 1648 in Münster und Osnabrück verhandelten (Kat.-Nr. 14).

Die negative Einstellung zum Westfälischen Frieden überdauerte trotz der verheerenden Folgen des Zweiten Weltkriegs für Münster und trotz der Sehnsucht der Menschen nach einem Frieden das Kriegsende. Auch das 300-jährige Jubiläum des historischen Friedensschlusses war 1948 in der Stadt noch kein Grund zum Feiern. Die seit Jahrhunderten mit unterschiedlichen Begründungen vertretene, auch von den Nationalsozialisten verbreitete negative Einstellung änderte sich grundlegend erst in den späten 1950er Jahren. Erst mit der positiven Bewertung des historischen Friedensschlusses setzte ein Wandel ein. Fortan warb Münster für sich als Stadt des Westfälischen Friedens.

Literatur
AK Münster 1998, Bd. 2, S. 214–221; Behr 1983; Ditt 1990; Duchhardt 1997, S. 75–84; Duchhardt 1998a, S. 860–861; Hoffrogge 2015, S. 410–417; Kopp/Schulte 1940; Rombeck-Jaschinski 1992, S. 186–190; Thamer 1990; Thies/Uesbeck 2004, S. 246–248; Wiemers-Borchelhof 1940; vgl. die Beiträge von Axel Schollmeier (S. 31–39) und Bernd Thier (S. 59–65) in diesem Band

12

Kardinal Richelieu

Bernhard Bröker (1883–1969), nach einem anonymen Kupferstich des 17. Jahrhunderts, Münster 1940
Öl auf Leinwand; o. R.: 229 × 158,5 cm; signiert und datiert
Stadtmuseum Münster, Inv.-Nr. GE-0163-2

Literatur: AK Münster 1998, Bd. 2, Nr. 218

Das Gemälde zeigt Kardinal Richelieu als Ganzfigur vor einem gerafften Vorhang, der den Blick auf eine Säule sowie eine Balustrade und die dahinterliegende Parklandschaft freigibt. Richelieu ist mit dem roten Kardinalsmantel bekleidet, an einem breiten Band trägt er den Orden vom Heiligen Geist mit einer nach unten weisenden Taube. Sein rechter Fuß ruht auf einem Turban, aus dem ein goldener Halbmond ragt – Zeichen für seinen Kampf gegen das Osmanische Reich. In der rechten Hand hält er den Reichsapfel Frankreichs mit den drei Lilien, in der linken zwei Ketten, an die ein Adler und ein Löwe gefesselt sind. Sie stehen für das Amt des Kaisers und für die Dynastie der Habsburger.

Der münsterische Maler Bernhard Bröker schuf dieses Gemälde nach einem anonymen Kupferstich des 17. Jahrhunderts (Kat.-Nr. 13). Abweichend von der Vorlage gestaltete der Künstler den Kopf des Löwen frei. Die Schwarz-Weiß-Vorlage wurde sehr detailliert farbig in das große Format umgesetzt, vermutlich dienten farbige Reproduktionen von Gemälden mit dem Bildnis des Kardinals als Inspiration.

Die großformatige Darstellung wurde speziell für die Reichsausstellung »Der Westfälische Friede« in Münster 1940 angefertigt und bildete das zentrale Ausstellungsobjekt im ersten monumental gestalteten Raum (Abb. 1, S. 48). Alle anderen erhaltenen Gemälde, die für die Ausstellung aus propagandistischen Gründen als Kopien geschaffen wurden, weisen lediglich Formate von 80 × 60 bzw. 100 × 80 Zentimetern auf. Sie zeigen unter anderem Gustav II. Adolf von Schweden, Anna von Bourbon, die Herzogin von Longueville, den König von Ungarn und Fürst von Siebenbürgen Bethlen Gabor, König Ludwig XIV. von Frankreich als Kind, Philipp IV. von Spanien, General Tilly sowie Rudolf Wettstein, den Bürgermeister der Stadt Basel. Außerdem existiert ein weiteres kleines Gemälde von Richelieu, das ihn sitzend zeigt.

Das Ziel der Ausstellungsgestalter war es, ausgehend von der historischen Vorlage durch eine Umdeutung der allegorischen Elemente das Bild politisch zu instrumentalisieren. Es sollte den historischen Herrschaftsanspruch Frankreichs über Deutschland – versinnbildlicht durch den »deutschen« Adler – sowie England – symbolisiert durch den eigentlich für das Haus Habsburg stehenden Löwen – veranschaulichen. In der nationalsozialistischen Bewertung des Westfälischen Friedens als französischer Sieg über Deutschland nahm dieses Motiv eine zentrale Rolle ein. *BT*

13

Dokumente vom Westfälischen Frieden

Handgefertigte Sammelmappe mit 15 Faksimiles
von Dokumenten zum Westfälischen Frieden,
Einband aus leinenbezogener Pappe
Idee: Gauleiter Dr. Alfred Meyer; Text: Dr. Eduard Schulte;
Umschlagzeichnung: Theo Sudbrack;
Schrift: Josefine Fellmer; Dokumentendruck: Gustav Adolf
Hülswitt; Einband: Josef Dürselen
Gewidmet an einen Unbekannten für Verdienste
um die Parteipresse des Gaues Westfalen-Nord,
Münster, den 18. Juni 1940
61,1 × 47,7 × 2,6 cm
Stadtmuseum Münster, Inv.-Nr. AV-1541-2

Literatur: AK Münster 1998, Bd. 2, S. 220–221;
Behr 1983, S. 22–23; Rombeck-Jaschinski 1992, S. 188

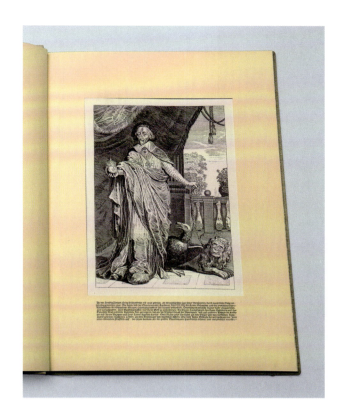

Die 1940 im Auftrag von Gauleiter Alfred Meyer (1891–1945) von der Forschungsstelle Westfälischer Frieden in Münster aufwändig in Handarbeit gefertigte großformatige Sammelmappe stammt aus dem Besitz von General Friedrich Christiansen (1879–1972), der von Mai 1940 bis April 1945 Befehlshaber der Wehrmacht in den vom Deutschen Reich besetzten Niederlanden war. Die von Meyer unterschriebene Widmung bezieht sich auf die Verdienste eines namentlich nicht genannten Beschenkten um die Parteipresse des Gaues Westfalen-Nord. Sie kann daher nicht Christiansen gegolten haben. Wie dieser in den Besitz der Mappe gelangte, ist unbekannt.

Die als Buch gestaltete Sammlung enthält 15 faksimilierte Nachdrucke von Flugblättern, Urkunden, Berichten, Porträtkupferstichen und einem Stadtplan von Münster aus den Jahren 1643 bis 1649 im Zusammenhang mit dem Friedenskongress sowie mit dem Abschluss und der Ratifizierung des Westfälischen Friedens.

Die Blätter wurden jeweils handschriftlich erläutert und bewertet. So wurde der französische Staatsminister Kardinal Richelieu (1585–1642) als Hauptgegner Deutschlands bezeichnet, der durch sein spätes Eingreifen in den Dreißigjährigen Krieg die »Weltherrschaft der Bourbonen« durchsetzen wollte.

Die Aussage des Kupferstichs wurde daher ikonografisch umgedeutet, ähnlich wie bei einem nach dieser Grafik gefertigten Gemälde (Kat.-Nr. 12).

Die Forschungsstelle fertigte 1940 und 1941 mehrere individuell gestaltete und unterschiedlichen Personen gewidmete Mappen an, die vom Gauleiter an prominente Nationalsozialisten verschenkt wurden. So erhielt Adolf Hitler (1889–1945) zu seinem Geburtstag am 20. April 1941 einen Band mit Dokumenten zur Geschichte des Spanisch-Niederländischen Friedens 1648. Sein Stellvertreter Rudolf Hess (1894–1987) bedankte sich schriftlich bei Meyer für eine solche Mappe, die er am 26. April 1940 zu seinem Geburtstag erhalten hatte: »Es ist mir nicht entgangen, daß sich Originale darunter befinden.«

Die Auswahl der aufgenommenen Dokumente und die aufwändige Aufmachung der Mappen, die an wichtige Entscheidungsträger übergeben wurden, spiegeln die negative Bewertung des Westfälischen Friedens durch die Nationalsozialisten wider, die auf diese Weise als historische Wirklichkeit verbreitet und manifestiert werden sollte. *BT*

14

Vier Schilde mit den Wappen von Friedensgesandten in Münster und Osnabrück

Anonym, Münster 1940, gefertigt für
die Reichsausstellung »Der Westfälische Friede«
Öl auf schwach gebogenem Sperrholz
50–50,5 × 39–39,8 cm
Stadtmuseum Münster, Inv.-Nr. KG-1612-2,
KG-1613-2, KG-1614-2 und KG-1615-2

Literatur: Behr 1983, S. 22; Duchhardt 1997, S. 84

Für die nationalsozialistische Propagandaausstellung »Der Westfälische Friede« wurden 1940 mit großem logistischen und finanziellen Aufwand Kopien historischer Objekte sowie Schaubilder, Modelle, Dioramen und auch Inszenierungen von meist münsterischen Künstlern gefertigt. Für die fast sieben Meter hohe zentrale Eingangshalle wurden 100 handbemalte Wappen der an den Friedenskongressen von 1643 bis 1648 in Münster und Osnabrück beteiligten Gesandten und der damaligen Bürgermeister der Kongressstädte geschaffen (Abb. 1, S. 48).

Sie umringen ein monumentales Porträtgemälde des für die negativen Auswirkungen des Westfälischen Friedens persönlich verantwortlich gemachten Kardinals Richelieu (Kat.-Nr. 12) an der Stirnwand der Halle, das hinter einem großen Durchgang hing. Unter dem Schlagwort »1648 – Frankreichs größter Triumph – Deutschlands tiefste Schmach« wurden die Gesandten einzeln namentlich genannt und somit zu Mitverantwortlichen für dieses Ergebnis gemacht.

Welche Künstler die aufwändig produzierten Wappenschilde bemalten, ist nicht überliefert. Für die Zusammenstellung der Familienwappen waren heraldische Recherchen notwendig. Hilfreich war hierzu vermutlich eine Ausgabe der als Kupferstiche veröffentlichten Gesandtenporträts nach Gemälden und Zeichnungen des niederländischen Künstlers Anselm van Hulle (1601– nach 1674) im Stadtarchiv Münster. Dieser Ausgabe waren im 19. Jahrhundert farbige Wappenzeichnungen beigebunden worden, die offenbar unmittelbar im Zusammenhang mit der Entstehung der Grafiken jeweils das Familienwappen des Dargestellten tragen und in den Jahren um 1648 bis 1650 angefertigt worden waren.

Von dem ursprünglichen Bestand von 100 Exemplaren haben sich bis heute noch 26 Wappen erhalten. Nach dem Abbau der nie eröffneten Ausstellung, die unter der Leitung des münsterischen Stadtarchivars Dr. Eduard Schulte (1886–1977) von der Forschungsstelle Westfälischer Frieden konzipiert worden war, gelangten sie mit vielen anderen Objekten dieser Präsentation 1942 auf das Schloss Wöbbel bei Detmold und überstanden dort die Kriegszerstörungen in Münster. Ende der 1940er Jahre wurden viele historische oder kopierte Objekte aus der Sammlung der Forschungsstelle wieder nach Münster zurückgebracht. Einige der Wappen fanden über Jahrzehnte ihren Platz in einem großen Gastraum im städtischen Ratskeller unter dem Stadtweinhaus, ohne dass bekannt war, dass sie ehemals Teil einer nationalsozialistischen Ausstellung waren. Auf historischen Fotos aus dieser Zeit ist zu erkennen, dass sie der Reihe nach rund um den Raum angebracht waren und so einen dekorativen Wappenfries bildeten. In den 1980er Jahren gelangten sie zusammen mit einigen Gemälden der Ausstellung von 1940 in das neu gegründete Stadtmuseum Münster.

Unter den 26 Wappen befinden sich solche von Gesandten aus Osnabrück und aus Münster. Welche Kriterien dazu führten, dass sich genau diese Stücke erhalten haben, ist ebenso unbekannt wie der Verbleib der 74 übrigen Wappenschilde. Für den Katalog wurden die Wappen folgender Gesandter ausgewählt:

Mattias Mylonius, geadelt Biörenklou/Bärenklau
(1607 Västerås – 1671 Stockholm), Hofkanzler, Legationssekretär der schwedischen Königin seit 1643 beim Kongress in Osnabrück, ab November 1647 als Nachfolger von Schering Rosenhanes in Münster

Adriaan Pauw
(1585 Amsterdam – 1653 Den Haag), Gesandter für Holland und Westfriesland ab 1643 bei den Kongressen in Osnabrück und in Münster

Joseph de Bergaigne
(1558 Antwerpen – 1647 Münster), Erzbischof von Cambrai, Bevollmächtigter des spanischen Königs beim Kongress in Münster von 1645 bis zu seinem Tod 1647

Isaac Volmar
(1582 Streußlingen – 1662 Regensburg), Reichshofrat, Gesandter des Kaisers beim Kongress in Münster von 1643 bis 1649

BT

Münster 1939

Pax optima rerum

Das Gedenken an den Westfälischen Frieden im kriegszerstörten Münster 1948

BERND THIER

Als im April 1945 alliierte Truppen das fast vollkommen zerstörte Münster erreichten, war die Freude über das Ende der Bombenangriffe groß. Endlich schwiegen die Waffen, aber es herrschte noch kein Frieden. Wohl kaum jemandem war damals bewusst, dass eben in dieser Stadt im 17. Jahrhundert nach dreißig langen Jahren Krieg ein bedeutender Frieden geschlossen worden war. Der Westfälische Frieden, an dessen Jahrestag zuletzt 1898 erinnert worden war, trat erst langsam wieder in das öffentliche Gedächtnis, als sich dessen 300-jähriges Jubiläum 1948 näherte.

Die deutsche Geschichtswissenschaft war 1948 noch nicht zu einer grundsätzlichen Neubewertung des Westfälischen Friedens bereit. Die zeitliche Distanz zum aktuellen Kriegsende und zu der unter Historikern noch immer verbreiteten negativen Bewertung dieses Ereignisses – von den Nationalsozialisten außerdem besonders propagandistisch hervorgehoben (Kat. S. 49–53) – war noch zu gering.

◀ Abb. 1
Postkarte mit Motiven zum Gedenktag »300 Jahre Westfälischer Friede« am 24. Oktober 1948, Fotos: Ernst Krahn, Stadtmuseum Münster, Inv.-Nr. PK-4875-2

So wollte beispielsweise der münsterische Historiker Kurt von Raumer (1900–1982) den Friedensschluss in einem Zeitungsartikel und in einem Beitrag in der Festschrift zum Jubiläum 1948 noch nicht positiv bewerten. Er sprach, geprägt durch die Sicht des 19. Jahrhunderts, die den Frieden als Niederlage für Deutschland empfand, von der Notwendigkeit der »Überwindung des Westfälischen Friedens«. Es war eben ein schlechter Friedensschluss. Eine neue, objektivere Bewertung und einen Paradigmenwechsel zum Positiven vollzog erst das grundlegende Werk des Historikers Fritz Dickmann (1906–1969) aus dem Jahr 1959, das die heute immer noch gültige Sicht bestimmt.

Im Februar 1948 beschloss der Rat der Stadt, dass Münster an den Westfälischen Friedensschluss von 1648 nur mit einer kleinen und lokalen Veranstaltung erinnern sollte. Denn eigentlich wären zu jener Zeit andere Dinge wichtiger gewesen, als ein längst vergangenes Ereignis wieder in Erinnerung zu rufen.

Dann aber kam etwa zeitgleich vom deutschen Zweig der Union Européenne des Fédéralistes (Union der Europäischen Föderalisten/UEF) der Vorschlag, im Rahmen einer Gedächtnisfeier eine Europakundgebung in Münster zu veranstalten. Damit sollte der Gedanke einer

Konföderation der europäischen Nationalstaaten beschworen werden. In einem vereinten, föderierten Europa mit durchlässigen Grenzen sahen die Anhänger der Bewegung die einzige Möglichkeit, Katastrophen wie den gerade zu Ende gegangenen Weltkrieg künftig zu verhindern und das isolierte Deutschland wieder in die Gemeinschaft der Staaten einzugliedern.

Erst der politische Druck von außen bewirkte die Ausrichtung einer überregional beachteten und nachwirkenden Veranstaltung. Die UEF konnte die Landesregierung in Düsseldorf für ihr Vorhaben und vor allem für eine finanzielle Beteiligung gewinnen, sodass es schließlich zu einer gemeinsamen Trägerschaft vom Land Nordrhein-Westfalen und der Stadt Münster kam.

Der Rat der Stadt verband mit dem Jubiläum aber auch eigene Interessen. Sein Ziel war es, Münsters alte Bedeutung als regionales Zentrum wiederherzustellen. Die Zuwendungen des Landes wurden daher auch zur Finanzierung der Schutträumarbeiten und für die Vorbereitungen der Herrichtung der Gebäude für die Feierlichkeiten genutzt. Trotz der Zerstörungen wollte sich die Stadt Münster in einem möglichst guten Erscheinungsbild präsentieren. So wurden der Wiedereinbau der während des Krieges ausgelagerten Ausstattung des Friedenssaals (Kat.-Nr. 4) in das zerstörte Rathaus und die Wiederherstellung des Lichthofs des Landesmuseums aus diesen Mitteln mitfinanziert. Auch die benötigte Infrastruktur für ein solches Großereignis musste bereitgestellt werden.

Anstatt der ursprünglich geplanten kleinen lokalen und eintägigen Gedenkveranstaltung sollte nun eine ganze Gedenkwoche vom 24. bis 31. Oktober stattfinden. Für dieses über die Grenzen der Stadt bedeutsame Ereignis wurde daher intensiv mit Plakaten (Kat.-Nr. 15), Anzeigen und Vignetten (Abb. 2) geworben. Münster stand plötzlich mit einem ehemals ungeliebten

Abb. 2
Werbevignette zum Gedenktag am 24. Oktober 1948
Entwurf: Werner Heine, Privatbesitz

Teil der Stadtgeschichte im Mittelpunkt des überregionalen Medieninteresses, sogar Rundfunkübertragungen und Wochenschauberichte waren bereits geplant.

Den Auftakt bildete der große Gedenktag am 24. Oktober, dem 300. Jahrestag der Unterzeichnung des Westfälischen Friedens (Abb. 1). Er stand ganz unter der Prämisse »Gedenken, nicht feiern«. Die Organisatoren wollten zwar an dieses für die Geschichte der Stadt bedeutende Ereignis erinnern, sahen jedoch keinen Grund für ein Freudenfest oder Anlass für eine rauschende Jubelfeier. Das würdevolle Gedenken, auch an die Opfer des vergangenen Zweiten Weltkrieges, stand somit im Vordergrund.

Das Programm kam erst nach langen und zähen Verhandlungen zustande, bei denen oft mit organisatorischen Schwierigkeiten zu kämpfen war. Schon die Unterbringung der auswärtigen Besucher und Ehrengäste stellte ein großes Problem dar.

Am 15. Oktober erschien der erste Hotel- und Gaststättenführer für Münster nach dem Krieg, der lediglich 370 Hotelbetten verzeichnete. Hinzu kamen 31 Betten in Gaststätten in der näheren Umgebung. In den Zeitungen erschienen daher Anzeigen mit der Bitte, freie Zimmer und Betten in Privatwohnungen zu melden.

Die Kriegszerstörungen, besonders im Bereich des Bahnhofs, des Rathauses und des Landesmuseums, mussten zumindest provisorisch beseitigt werden. Die Einladungen an ausländische Gäste konnte nur die alliierte Militärbehörde aussprechen. Aufsehen erregten die Einladungen an Winston Churchill (1874–1965), den britischen Premierminister während des Zweiten Weltkriegs, der jedoch nicht kommen konnte, und den ehemaligen Reichskanzler Heinrich Brüning (1885–1970), gebürtig aus Münster, der im amerikanischen Exil lebte. Auch die Sicherheitsmaßnahmen für die Ehrengäste mussten gewährleistet werden.

Der erste Kostenvoranschlag für die Gedenkfeier belief sich im Juli auf etwa 41 120 DM und umfasste dabei keine Gelder für Baumaßnahmen. Nur mit Hilfe von Zuwendungen der Landesregierung konnte diese Summe aufgebracht werden. Durch den Verkauf von 20 000 Bronzemedaillen (Kat.-Nr. 17) und 81 000 keramischen Gedenkabzeichen »aus westfälischer Heimaterde« erhoffte man sich weitere Einnahmen, auch für den Wiederaufbau des historischen Rathauses. Letztlich konnten jedoch nicht einmal die Unkosten für die Produktion gedeckt werden.

Der auf einen Sonntag fallende Gedenktag am 24. Oktober begann morgens mit Gottesdiensten in den katholischen und evangelischen, zumindest provisorisch wieder hergerichteten Kirchen der Stadt und um 9 Uhr mit einem feierlichen Pontifikalamt mit Bischof Michael Keller (1896–1961) in der Hl. Kreuzkirche.

Abb. 3
Gedenktag am 24. Oktober 1948 – Blick von der Lamberti-Kirche über den Prinzipalmarkt auf den Festumzug,
Foto: Hanns Hubmann, Stadtarchiv Münster, Slg. FS WVA Nr. 18130

Es folgte um 10.30 Uhr ein von Fanfaren begleiteter feierlicher Festumzug von der Lambertikirche über den immer noch in Trümmern liegenden Prinzipalmarkt zur Ruine des historischen Rathauses (Abb. 3). Obwohl es nicht Ziel der Veranstalter war, einen »historischen Umzug« zu organisieren, bemühte man sich doch, zumindest einigen Personen ein historisches Aussehen zu geben (Abb. 1). Als Träger des Goldenen Hahns, der Friedensmedaillen und der Friedensfahne von 1648 konnten die beiden Gildemeister der Bäckergilde sowie zwei weitere Bäckermeister und acht Bäckergehilfen gewonnen werden. Die Beschaffung der Kostüme

Abb. 4
Gedenktag am 24. Oktober 1948 – Eröffnung des wiedererrichteten Friedenssaals, Foto: Hanns Hubmann, Stadtarchiv Münster, Slg. FS WVA Nr. 18137

gestaltete sich problematisch, doch konnten die notwendigen Kleidungsstücke termingerecht besorgt werden.

Am Rathaus angelangt, wurden der mit großem finanziellem Aufwand wiederhergestellte Friedenssaal von Oberbürgermeister Franz Rediger (1883–1949) feierlich eröffnet (Abb. 4) und eine Ehrenurkunde vermauert. Die in vergoldeten Buchstaben über dem provisorischen Seiteneingang des Friedenssaals angebrachte Inschrift »HINC TOTI PAX INSONAT ORBI« (Von hier aus schallt der Friede über die Welt) »24. OCT. 1648« wurde von einer Friedensmedaille aus dem Jahr 1648 übernommen (Kat.-Nr. 1) und trifft auf das historische Ereignis nicht korrekt zu. Nur der Spanisch-Niederländische Frieden wurde am 15. Mai 1648 im seit dem Ende des 18. Jahrhunderts sogenannten Friedenssaal beschworen, nicht aber der Westfälische Frieden vom Oktober 1648. Diese kleine historische Ungenauigkeit spielte 1948 jedoch aufgrund des wichtigen Symbolgehalts des ehemaligen Ratssaals keine Rolle.

Nach kurzen Ansprachen des Oberbürgermeisters und des Oberstadtdirektors Karl Zuhorn (1887–1967) reichte man im Friedenssaal einigen ausgewählten Ehrengästen, darunter dem ehemaligen Reichskanzler Brüning, nach alter Sitte einen Willkommenstrunk aus dem historischen Goldenen Hahn.

Der Umzug mit allen Ehrengästen setzte sich um 11 Uhr wieder in Bewegung. Der eigentliche Friedensgedenkakt fand im wiederhergestellten Lichthof des Landesmuseums statt.

Abb. 5
Gedenktag am 24. Oktober 1948 – Aufsteigen der Friedenstauben auf dem Domplatz, Foto: Hanns Hubmann, Stadtarchiv Münster, Slg. FS WVA Nr. 18147

Die Begrüßungsansprache hielt der Ministerpräsident des Landes Nordrhein-Westfalen Karl Arnold (1901–1958). Es folgte der britische Major-General William Henry Alexander Bishop (1897–1984) als Vertreter der britischen Militärregierung, der betonte, dass er nicht in seiner Eigenschaft als Militärgouverneur, sondern im Namen des englischen Volkes reden wolle. Er sprach von Toleranz, Verständnis, Freiheit und Frieden.

Als Festredner war der Bonner Neuzeithistoriker Max Braubach (1899–1975) gewonnen worden, der den Westfälischen Frieden noch immer als »verhängnisvolle Fehlentscheidung« betrachtete.

Der Jubel über den Frieden nach dreißig Jahren Krieg sei zwar nachvollziehbar, aber die Zeitgenossen hätten 1648 die Folgen für Deutschland und Europa nicht absehen können.

Der niederländische Vertreter der UEF Willem (Wim) Verkade sprach danach über den Frieden und die Freiheit in Europa und verlas ein Friedensmanifest mit dem Titel »Endlich Frieden!«. Nachdem es von den anwesenden Ehrengästen unterschrieben worden war, brachte eine Reiterstaffel das Schriftstück in mehreren Etappen nach Den Haag.

Anschließend fand der offizielle Empfang der Ehrengäste statt. Diese erhielten als Präsent zum einen die große Erinnerungsmedaille der Stadt (Kat.-Nr. 17), zum anderen ein Papiertütchen mit der Abbildung des Friedensreiters, in der sich je zwei amerikanische Zigaretten und zwei Zigarren befanden. Diese Luxusartikel waren ein Ausdruck der Wertschätzung – da teuer und schwer zu beschaffen – und standen vermutlich teilweise höher in der Gunst der Gäste als das geprägte Metall. Die Gesamtkosten für den Empfang beliefen sich auf etwa 2 000 DM, davon entfielen allein 760 DM auf die Tabakwaren.

Als Zeichen der Freude über das Kriegsende, sowohl jenes von 1648 als auch das erst drei Jahre zurückliegende von 1945, wurden um 13 Uhr 1 000 Brieftauben auf dem Domplatz vor dem zerstörten St. Paulus-Dom aufgelassen (Abb. 5). Zeitgleich wurde im Landesmuseum die Ausstellung »Der Westfälische Friede« durch Landeshauptmann Bernhard Salzmann (1886–1959) eröffnet, die in 15 Räumen ca. 500 historische Objekte präsentierte (Kat.-Nr. 16). Anders als bei der nationalsozialistischen Propagandaausstellung 1940 (Kat. S. 49 ff.) beschränkte man sich auf Originale des 17. Jahrhunderts und verzichtete auf Modelle, Karten und interpretierende Erläuterungen.

Am späten Nachmittag folgte unter der Leitung von Generalmusikdirektor Heinz Dressel (1902–1997) die Aufführung von Ludwig van Beethovens IX. Sinfonie in der Kiffe-Halle am Albersloher Weg, an der immerhin etwa 6 000 Zuhörer teilnahmen. Um 20 Uhr wurden während des »Friedensrufs an die Welt« vom Balkon des Landesmuseums zum Domplatz hin mehrere Ansprachen gehalten, bei denen der Friede im Allgemeinen aus verschiedenen Blickwinkeln betrachtet und die Ächtung des Krieges verlangt wurden. Der lange Gedenktag fand seinen Ausklang mit dem Läuten der Glocken der münsterischen Kirchen und der Beleuchtung der Ruinen des Doms, der Überwasser- und der Lambertikirche sowie des Rathauses.

In der anschließenden Gedenkwoche vom 25. bis zum 31. Oktober fanden weitere Veranstaltungen, Vorträge und Aufführungen von

Abb. 6
Postsonderstempel zur Gedenkwoche »300 Jahre Westfälischer Frieden«
Entwurf: Waldemar Mallek,
Stadtmuseum Münster, Inv.-Nr. MZ-GE-00144

unterschiedlichen Organisationen an verschiedenen Orten in Münster statt, die jeweils als zentrales Thema den Frieden beinhalteten.

Die Besucher konnten während dieser Zeit außerdem auf einem im Haus der Westfälischen Nachrichten am Prinzipalmarkt eingerichteten Sonderpostamt Briefe und Postkarten mit einem Sonderstempel mit der Abbildung des Friedensreiters (Kat.-Nr. 3) abstempeln lassen, den der münsterische Grafiker Waldemar Mallek (1906–1998) entworfen hatte (Abb. 6).

Rückschauend kann man es den Organisatoren der Friedenswoche als außergewöhnliche Leistung anrechnen, dass es ihnen in einer wirtschaftlich schwierigen Zeit und in politisch unselbstständigen Verhältnissen gelungen ist, dem Anlass einen würdigen Rahmen zu geben. Die Gedenkveranstaltung war für die Stadt Münster gewissermaßen der Startschuss für den Wiederaufbau der zerstörten Altstadt, bei dem auch architektonisch ein Rückgriff auf die Geschichte vorgenommen wurde.

Das Jubiläum von 1948 und die Folgen

Erst in den nachfolgenden Jahrzehnten entdeckte die Stadt Münster in zunehmendem Maße die Werbewirksamkeit des Westfälischen Friedens, was dann auch zu einem neuen Selbstverständnis führte. Entsprechend wird seitdem das bedeutendste und neben der Täuferherrschaft 1534/35 bekannteste Ereignis der münsterischen Geschichte regelmäßig und in immer kürzeren Abständen mit Gedenktagen und Gedenkfeiern begangen.

Bereits im Oktober 1958 hatte man bei der Einweihung des wiederaufgebauten Rathauses in einer Festveranstaltung des Jubiläums gedacht. Am 27. Oktober 1968 fand eine Feierstunde mit Ansprachen zur Erinnerung an den Abschluss des Westfälischen Friedens und an die Fertigstellung des Rathauses im Oktober 1958 statt.

Mit der Jubiläumsveranstaltung im Jahr 1978 erreichten die Gedenktage an den Westfälischen Frieden in Münster – nach jenem von 1948 – einen ersten Höhepunkt. Anlässlich dieser 330-Jahrfeier stiftete der Rat der Stadt den Historikerpreis der Stadt Münster, der alle fünf Jahre an einen verdienten Geschichtsforscher vergeben werden soll.

Im Jahr 1988 wurde eine offizielle Feierstunde mit Festvorträgen im Rathaus abgehalten, und das Stadtmuseum Münster widmete dem Ereignis die Ausstellung »Der Westfälische Frieden«. Außer der Stadt Münster wählten auch andere Institutionen und private Unternehmen nach und nach Symbole des Westfälischen Friedens zur Tourismuswerbung oder zur Vermarktung verschiedener Produkte. Auch hier war und ist es vor allem die Darstellung des Friedensreiters (Kat.-Nr. 3), die am häufigsten verwendet wird.

Das 350-jährige Jubiläum 1998 wurde aufwändig begangen. Es gab Veranstaltungen, Ausstellungen im Stadtmuseum Münster und im Westfälischen Landesmuseum für Kunst und Kulturgeschichte, und der Rathausinnenhof wurde feierlich in »Platz des Westfälischen Friedens« umbenannt. Damit war das historische Ereignis nun auch topografisch im Zentrum der Stadt angekommen und – neben dem Friedenssaal im Rathaus – gewissermaßen sichtbar fixiert.

Heute ist Münster die Stadt des Friedens. An den Westfälischen Frieden wird gern erinnert, und der Friedensschluss wird – angeregt durch die Stadtwerbung von Münster Marketing – regelmäßig gebührend gefeiert. Die Europäische Kommission hat 2015 die Rathäuser von Münster und Osnabrück als »Stätten des Westfälischen Friedens« mit dem Europäischen Kulturerbe-Siegel ausgezeichnet.

Von Münster aus schallte 1648 der Friede über ganz Europa (Kat.-Nr. 1). Bis dies aber im Bewusstsein der Bürgerinnen und Bürger fest verankert war und diese dem geschichtlichen Ereignis positiv gegenüberstanden, hat es weit über 300 Jahre gedauert, was aktuell fast schon wieder vergessen ist.

Literatur
AK Münster 1998, Bd. 2, S. 222–239, 252–257; Dethlefs/Ordelheide 1987, S. 277–279; Duchhardt 1997, S. 85–108; Duchhardt 1998a, S. 861–863; Hoffrogge 2015, S. 415–416; Pieper 1950; Raumer 1948; Rombeck-Jaschinski 1992, S. 190–208; Röttger 1995; Thier 1998; Thies/Uesbeck 2004, S. 248–249

15

Gedenktag 300 Jahre Westfälischer Friede zu Münster

Werner Heine (1922–2004), Münster 1948
Plakat, Druck auf Papier, Aktiengesellschaft E. Gundlach, Bielefeld, Auflage 8 000 Exemplare
40 × 60 cm; signiert und datiert
Stadtmuseum Münster, Inv.-Nr. DR-1000-2

Literatur: AK Münster 1998, Bd. 2, S. 222–223

Das Plakat für den Gedenktag am 24. Oktober 1948 zeigt die stark stilisierte Friedenstaube mit dem Ölzweig im Schnabel vor einem türkisblauen Hintergrund über der dunklen Silhouette der kriegszerstörten Stadt Münster. Die Hauptaussage der Gestaltung weist auf 300 Jahre Frieden hin. Dass es sich hierbei um den Westfälischen Frieden handelt, wird erst auf den zweiten Blick ersichtlich.

Der junge Grafiker Werner Heine konnte sich mit seinem Entwurf in der Ausschreibung für das Plakat gegen mehrere renommierte Künstler durchsetzen. Noch ein Jahr später diente dieser Entwurf in abgewandelter Form als Vorlage für ein Plakat zur Internationalen Kundgebung für Völkerversöhnung und Weltregierung in Münster am 23. Oktober 1949.

Trotz finanzieller Schwierigkeiten, Problemen bei der Materialbeschaffung sowie dem engen Zeitrahmen gelang es der Stadt Münster im Vorfeld des Gedenktags, passende Werbematerialien in ausreichender Zahl herstellen zu lassen. Die immerhin 8 000 Plakate wurden an über 3 500 Stellen in Deutschland aufgehängt und sorgten somit für eine überregionale Wahrnehmung des Ereignisses.

Neben dem Plakat entwarf Werner Heine auch Briefverschlussmarken (Abb. 2, S. 60), von denen 31 000 Exemplare großzügig verteilt und dann deutschland- bzw. weltweit versendet wurden. *BT*

16

**Gedächtnisausstellung
»Der Westfälische Friede«**

Josef Faßbender (1903–1974), Bornheim 1948
Plakat, Druck auf Papier, H. Ganter, Köln
Auflage 600 Exemplare
41 × 60 cm; signiert und datiert
Stadtmuseum Münster, Inv.-Nr. DR-1120-2

Literatur: AK Münster 1998, Bd. 2, S. 232–233;
Duchhardt 1997, S. 100–103; Pieper 1950

Das mit einfachen Mitteln gestaltete und in geringer Auflage gedruckte Plakat zeigt den stilisierten Friedensengel mit Posaune und wehender Fahne, auf der ein doppelköpfiger Reichsadler und die Jahreszahl 1648 zu sehen sind. In der Hand hält der Engel Ölzweige sowie einen Brief mit der Friedensbotschaft.

Dieses Plakat stellt eines der wenigen erhaltenen Objekte der großen Jubiläumsausstellung zum Westfälischen Frieden im Landesmuseum in Münster von 1948 dar. Die Voraussetzungen für die Ausstellung waren denkbar schlecht: Das Museum war im Krieg schwer beschädigt worden, lediglich der Lichthof und einige angrenzende Räume standen für die Präsentation der Exponate zur Verfügung. Die finanziellen Mittel waren begrenzt, die Papierknappheit verhinderte die Herausgabe eines Ausstellungskatalogs.

Den Verantwortlichen war bewusst, dass sie sich von der 1940 zwar nicht eröffneten, aber bereits aufgebauten propagandistischen Reichsausstellung »Der Westfälische Friede« der Nationalsozialisten deutlich absetzen mussten (Kat.-Nr. 12–14). Bei der Konzeption beschränkte man sich daher auf Originale und verzichtete vollständig auf eine didaktische Aufbereitung durch Karten, Schaubilder und Modelle.

Die Ausstellung, die im Rahmen der Gedenkveranstaltung am 24. Oktober eröffnet wurde, war das erste größere Projekt des Landesmuseums nach dem Krieg und daher für diese Institution ein wichtiger Schritt für einen Neubeginn. *BT*

17

Ehrenmedaille zur 300-Jahrfeier des Westfälischen Friedens

Erna Becker-Kahns (1895–1978), Münster 1948
Herstellerfirma H. Hussmann, Hamburg
Auflage 315 Exemplare
Bronze; Dm 50 mm; 56,3 g, signiert und datiert
Stadtmuseum Münster, Inv.-Nr. MZ-WF-00612

Literatur: AK Münster 1998, Bd. 2, S. 254;
Dethlefs/Ordelheide 1997, S. 277–279; Thier 1998

Auf der Vorderseite der Medaille findet sich, um die Ruine der Fassade des kriegszerstörten münsterischen Rathauses, die Umschrift »24. OKT. 1648/1948 · WESTFÄLISCHER FRIEDE · MÜNSTER«. Darunter erscheint das Monogramm der Herstellerfirma hA.

Die Rückseite zieren über der zweizeiligen Inschrift »PAX OPTIMA RERUM« (Der Friede ist das Beste aller Dinge) drei Figuren: Die unbekleidete Friedensgöttin (Pax) in der Mitte bekräftigt mit der erhobenen Hand und dem Ölzweig vor ihrer Brust den Friedensschwur zweier Krieger. Diese, im Vollharnisch, reichen sich als Zeichen des Friedens die Hände und haben Fahne und Schwert als Symbol der Beendigung des Krieges gesenkt. Das Schwert steckt in der Scheide und wird als deutliches Friedenszeichen mit dem Griff nach unten getragen. Neben dem Fuß der rechten Figur erscheint die Signatur EBK der Künstlerin; unter der Inschrift wiederum das Monogramm der Herstellerfirma hA.

Die Medaillen wurden anlässlich der Gedenkveranstaltung zur 300-Jahrfeier des Westfälischen Friedens am 24. Oktober 1948 im Lichthof des Landesmuseums in Münster verteilt an die Ehrengäste und die zahlreichen Mitglieder des Ehrenausschusses, bestehend aus bedeutenden Personen aus Politik, Wirtschaft und Kirche.

Der für die damaligen Verhältnisse kurz nach der Währungsreform hohe Herstellungspreis der Medaillen von insgesamt 3 150 DM verdeutlicht, welche Bedeutung die Organisatoren der Veranstaltung dieser Erinnerungsmedaille beigemessen haben. Problematisch war allerdings die Beschaffung der für die Prägung erforderlichen Bronze. Die Vergabe an die Herstellerfirma in Hamburg wurde vor allem mit den dort vorhandenen Metallreserven begründet, da allen anderen angefragten Prägefirmen kein Material zur Verfügung stand.

Wie die im allgemeinen Verkauf erhältlichen kleineren Medaillen im Durchmesser von nur 40 Millimetern, von denen 20 000 Exemplare angefertigt wurden, sollten sie die Erinnerung an die 300-Jahrfeier 1948 für die folgenden Generationen bewahren und, vergleichbar den Medaillen von 1648, ein dauerhaftes Zeichen für den Wunsch nach Frieden setzen. *BT*

Literaturverzeichnis

AK Berlin 1993
Anton von Werner. Geschichte in Bildern, Ausstellungskatalog, hg. von Dominik Bartmann, Berlin-Museum, Deutsches Historisches Museum 1993, München 1993.

AK Den Haag 1998
Gerard ter Borch and the Treaty of Münster, Ausstellungskatalog, hg. von Alison McNeil Kettering, Mauritshuis, The Hague 1998, Zwolle 1998.

AK München 1999
Friedensengel. Bausteine zum Verständnis eines Denkmals der Prinzregentenzeit, Ausstellungskatalog, hg. von Norbert Götz, Münchner Stadtmuseum 1999, München 1999.

AK Münster 1988
Der Westfälische Frieden. Krieg und Frieden, Ausstellungskatalog, hg. von Hans Galen, Stadtmuseum Münster 1988, Greven 1987.

AK Münster 1993
350 Jahre Post in Münster. Vom Friedensreiter zur Satellitenkommunikation, Ausstellungskatalog, hg. vom Postdienst und der Telekom, Direktion Münster, Stadtmuseum Münster 1993/94, Münster 1993.

AK Münster 1998
30jähriger Krieg, Münster und der Westfälische Frieden, Ausstellungskatalog, hg. von Hans Galen, Stadtmuseum Münster 1998, 2 Bde., Emsdetten 1998.

AK Münster 1998a
1648. Krieg und Frieden in Europa, Ausstellungskatalog, hg. von Klaus Bußmann und Heinz Schilling, Westfälisches Landesmuseum für Kunst und Kulturgeschichte in Münster und Kunsthalle Dominikanerkirche in Osnabrück 1998/99, 3 Bde., München 1998.

AK Münster 2002
Denk ich an Münster… Von Souvenirs und dem Image der Stadt, Ausstellungskatalog, hg. von Barbara Rommé, Stadtmuseum Münster 2002, Emsdetten 2002.

AK Stuttgart 2013
Friedensbilder in Europa. 1450 bis 1815. Kunst der Diplomatie. Diplomatie der Kunst, Ausstellungskatalog, hg. von Hans-Martin Kaulbach, Staatsgalerie Stuttgart 2012/13, Berlin 2013.

Albrecht 1983
Ulrike Albrecht, Die Augsburger Friedensgemälde 1651 bis 1789. Eine Untersuchung zum evangelisch-lutherischen Lehrbild einer Reichsstadt, München 1983.

Arndt 2009
Johannes Arndt, Der Dreißigjährige Krieg 1618–1648, Stuttgart 2009.

Asch/Voss/Wrede 2001
Ronald Gregor Asch/Wulf Eckart Voss/Martin Wrede (Hg.), Frieden und Krieg in der Frühen Neuzeit. Die europäische Staatenordnung und die außereuropäische Welt, 2 Bde., München 2001.

Behr 1983
Hans-Joachim Behr, »Reichsausstellung« und »Forschungsstelle Westfälischer Frieden«. Zwei nationalsozialistische Kulturvorhaben in Münster, in: Westfalen, 61.2, 1983, S. 9–24.

De Boer/Bruch 1985
H. W. J. de Boer/H. Bruch (Hg.), Adriaan Pauw (1585–1653). Staatsman en ambachtsheer, Heemstede 1985.

Burkhardt 1998
Johannes Burkhardt, Auf dem Wege zu einer Bildkultur des Staatensystems. Der Westfälische Frieden und die Druckmedien, in: Duchhardt 1998, S. 81–114.

Burkhardt/Haberer 2000
Johannes Burkhardt/Stephanie Haberer (Hg.), Das Friedensfest. Augsburg und die Entwicklung einer neuzeitlichen Toleranz-, Friedens- und Festkultur, Berlin 2000.

Chronik 1897
Chronik des Vereins für Geschichte und Alterthumskunde Westfalens (Abteilung Münster), in: Zeitschrift für vaterländische Geschichte und Alterthumskunde, 55, 1897, S. 265–272.

Clark 2013
Christopher Clark, Die Schlafwandler. Wie Europa in den Ersten Weltkrieg zog, Stuttgart 2013.

Croxton/Tischer 2001
Derek Croxton/Anuschka Tischer (Hg.), The Peace of Westphalia. A Historical Dictionary, Santa Barbara 2001.

Dethlefs/Ordelheide 1987
Gerd Dethlefs/Karl Ordelheide, Der Westfälische Frieden. Die Friedensfreude auf Münzen und Medaillen, Vollständiger beschreibender Katalog, Greven 1987.

Dethlefs 1998
Gerd Dethlefs, Friedensappelle und Friedensecho. Kunst und Literatur während der Verhandlungen zum Westfälischen Frieden, Münster, Univ., Diss. 1998.

Dethlefs 1998a
Gerd Dethlefs, Der Friedenssaal im Rathaus zu Münster, in: Duchhardt/Dethlefs/Queckenstedt 1998, S. 39–64.

Dickmann 1972
Fritz Dickmann, Der Westfälische Frieden, 3. Aufl., Münster 1972.

Ditt 1990
Karl Ditt, Kulturpolitik aus Opportunismus? Der Stadtarchivar Dr. Eduard Schulte in Münster 1933–45, in: Franz-Josef Jakobi/Thomas Sternberg (Hg.), Kulturpolitik in Münster während der nationalsozialistischen Zeit, Münster 1990, S. 39–61.

Duchhardt 1997
Heinz Duchhardt, Das Feiern des Friedens. Der Westfälische Frieden im kollektiven Gedächtnis der Friedensstadt Münster, Münster 1997.

Duchhardt 1998
Heinz Duchhardt (Hg.), Der Westfälische Friede. Diplomatie, politische Zäsur, kulturelles Umfeld, Rezeptionsgeschichte, München 1998.

Duchhardt 1998a
Heinz Duchhardt, Münster und der Westfälische Friede. Kollektives Gedächtnis und Erinnerungskultur im Wandel der Zeiten, in: Duchhardt 1998, S. 853–863.

Duchhardt 2000
Heinz Duchhardt, Westfälischer Friede und konfessionelle Erinnerungskultur, in: Burkhardt/Haberer 2000, S. 27–30.

Duchhardt 2014
Heinz Duchhardt, Der Westfälische Frieden im Fokus der Nachwelt, Münster 2014.

Duchhardt/Dethlefs/Queckenstedt 1998
Heinz Duchhardt/Gerd Dethlefs/Hermann Queckenstedt, »… zu einem stets währenden Gedächtnis«. Die Friedenssäle in Münster und Osnabrück und ihre Gesandtenporträts, Bramsche 1998.

Fleitmann 1972
Wilhelm Fleitmann, Postverbindungen für den Westfälischen Friedenskongress 1643 bis 1648, in: Archiv für deutsche Postgeschichte, 1972, S. 3–48.

François 2000
Etienne François, Polaritäten und Dimensionen eines Festes, in: Burkhardt/Haberer 2000, S. 23–26.

Galen/Schollmeier 1996
Hans Galen/Axel Schollmeier, Malerei der Neuzeit (Geschichte original – am Beispiel der Stadt Münster 20), Münster 1996.

Gantet 1998
Claire Gantet, Friedensfeste aus Anlass des Westfälischen Friedens in den süddeutschen Städten und die Erinnerung an den Dreissigjährigen Krieg (1648–1871), in: AK Münster 1998a, Textbd. II, S. 649–656.

Gantet 2000
Claire Gantet, »… Dergleichen sonst an keine hohen festtag das gantze Jar hindurch zue geschehen pfleget bey den Evangelischen inn diser statt«. Das Augsburger Friedensfest im Rahmen der deutschen Friedensfeiern, in: Burkhardt/Haberer 2000, S. 209–233.

Gedächtnisschrift 1886
Zum Gedächtniß des treuen Seelsorgers Herrn Konrad Rüdel, III. Pfarrers bei St. Lorenz, Kapitelsseniors und Kirchenrat's, Inhaber des Ehrenkreuzes des Ludwigsordens zu Nürnberg, Nürnberg 1886.

Gludovatz 2014
Karin Gludovatz, Der Augenzeuge. Gerard ter Borch und »Der Schwur auf die Ratifikation des Friedens von Münster«, in: Uwe Fleckner (Hg.), Bilder machen Geschichte. Historische Ereignisse im Gedächtnis der Kunst, Berlin 2014, S. 171–183.

Goldemann 2016
Sabeth Goldemann, Ein Friedensdenkmal in der Garnisonsstadt – (k)ein Friedensdenkmal in der Friedensstadt, in: Sabeth Goldemann/Lukas Grawe/Sabine Kittel (Hg.), »Durch Münsteraner Geschichte(n)«, Bd. 3: Kriegerdenkmäler in der Friedensstadt, Münster 2016, S. 17–27.

Hildebrand 1995
Klaus Hildebrand, Das vergangene Reich. Deutsche Außenpolitik von Bismarck bis Hitler 1871–1945, Stuttgart 1995.

Hoffrogge 2015
Jan Matthias Hoffrogge, Erinnerungen in Münster. Die Droste, die Täufer, der Westfälische Friede und der Kiepenkerl zwischen Weimar und früher Bonner Republik, in: Westfälische Forschungen, 65, 2015, S. 395–422.

Kampmann 2008
Christoph Kampmann, Europa und das Reich im Dreißigjährigen Krieg. Geschichte eines europäischen Konflikts, Stuttgart 2008.

Kempmann 2008
Fritz Kempmann, Der Maler Fritz Grotemeyer. Sein Leben und Werk, Wien/Zürich/Münster 2008.

Kettering 1998
Alison McNeil Kettering, Gerard ter Borchs »Beschwörung der Ratifikation des Friedens von Münster« als Historienbild, in: AK Münster 1998a, Textbd. II, S. 605–614.

Kopp/Schulte 1940
Friedrich Kopp/Eduard Schulte, Der Westfälische Frieden. Vorgeschichte, Verhandlungen, Folgen, München 1940.

Lademacher 1998
Horst Lademacher, »Ein letzter Schritt zur Unabhängigkeit«. Die Niederländer in Münster, in: Duchhardt 1998, S. 335–348.

Lahrkamp 1987
Helmut Lahrkamp, Bemerkungen zum städtischen Kunstbesitz, in: Quellen und Forschungen zur Geschichte der Stadt Münster, 12, 1987, S. 296–303.

Laufhütte 1998
Hartmut Laufhütte, Das Friedenfest in Nürnberg 1650, in: AK Münster 1998a, Textbd. II, S. 347–357.

Linnemann 2007
Dorothee Linnemann, Repraesentatio Majestatis? Zeichenstrategische Personenkonzepte von Gesandten im Zeremonialbild des späten 16. und 17. Jahrhunderts, in: Andreas Bähr/Peter Burschel/Gabriele Jancke (Hg.), Räume des Selbst. Selbstzeugnisforschung transkulturell, Köln/Weimar/Wien 2007, S. 57–76.

Manegold 2013
Cornelia Manegold, Bilder diplomatischer Rangordnungen, Gruppen, Versammlungen und Friedenskongresse in den Medien der frühen Neuzeit, in: AK Stuttgart 2013, S. 43–65.

Manegold 2016
Cornelia Manegold, Friedensgesandte und die Porträtkultur im frühneuzeitlichen Europa, in: Eva-Bettina Krems/Sigrid Ruby (Hg.), Das Porträt als kulturelle Praxis, Berlin/München 2016, S. 139–153.

Metzler 1995
Horst Metzler, Zur Geschichte eines Jubiläums. Ein Denkmal des Westfälischen Friedens, in: Westfalenspiegel, 44, 1995, Heft 2, S. 21–22.

Mühleisen 2000
Hans-Otto Mühleisen, Augsburger Friedensgemälde als politische Lehrstücke, in: Burkhardt/Haberer 2000, S. 117–145.

Münkler 2017
Herfried Münkler, Der Dreissigjährige Krieg. Europäische Katastrophe, Deutsches Trauma 1618–1648, Berlin 2017.

Olliges-Wieczorek 1995
Ute Olliges-Wieczorek, Politisches Leben in Münster. Parteien und Vereine im Kaiserreich (1871–1914), Münster 1995.

Oschmann 1991
Antje Oschmann, Der Nürnberger Exekutionstag 1649–1650. Das Ende des Dreissigjährigen Krieges in Deutschland, Münster 1991 (Zugl.: Bonn, Univ., Diss., 1988).

Pieper 1950
Paul Pieper, Der Westfälische Friede. Die Gedächtnis-Ausstellungen 1648–1948, in: Westfalen, 28, 1950, S. 59–75.

Raumer 1948
Kurt von Raumer, Das Erbe des Westfälischen Friedens. Betrachtungen zu seiner 300. Wiederkehr, in: Ernst Hövel (Hg.), Pax optima rerum. Beiträge zur Geschichte des Westfälischen Friedens 1648, Münster 1948, S. 73–97.

Repgen 1997
Konrad Repgen, Friedensvermittlung und Friedensvermittler beim Westfälischen Frieden, in: Westfälische Zeitschrift, 147, 1997, S. 37–61.

Repgen 2015
Konrad Repgen, Dreißigjähriger Krieg und Westfälischer Friede. Studien und Quellen, 3. Aufl., Paderborn 2015.

Roeck 1998
Bernd Roeck, Die Feier des Friedens, in: Duchhardt 1998, S. 633–659.

Roeck 2000
Bernd Roeck, Das Augsburger Konfessionsproblem als Herausforderung und seine Lösung, in: Burkhardt/Haberer 2000, S. 61–71.

Rombeck-Jaschinski 1992
Ursula Rombeck-Jaschinski, Der Westfälische Friede zu Münster 1648–1948. Ein Gedenktag für die Gegenwart, in: Westfälische Zeitschrift, 142, 1992, S. 183–208.

Röttger 1995
Mechthild Anna Röttger, »Gedenken, nicht Feiern«. Die 300-Jahrfeier des Westfälischen Friedens 1948 in Münster, ungedruckte Magisterarbeit, Münster 1995.

Schmidt 2005
Georg Schmidt, Der Dreißigjährige Krieg, München 2005.

Seitz 2000
Wolfgang Seitz, Die Augsburger »Friedensgemähld«. Eine Studie zur Geschichte des Augsburger Kupferstiches. Augsburg 1969, in: Burkhardt/Haberer 2000, S. 387–445.

Stiglic 1998
Anja Stiglic, Ganz Münster ist ein Freudental … Öffentliche Feierlichkeiten als Machtdemonstration auf dem Münsterschen Friedenskongreß, Münster 1998 (Zugl.: Münster, Univ., Diss., 1997).

Stollberg-Rilinger 2011
Barbara Stollberg-Rilinger, Parteiische Vermittler? Die Westfälischen Friedensverhandlungen von 1643–1648, in: Gerd Althoff (Hg.), Frieden stiften, Darmstadt 2011, S. 106–128.

Stollberg-Rilinger 2011a
Barbara Stollberg-Rilinger, Völkerrechtlicher Status und zeremonielle Praxis auf dem Westfälischen Friedenskongress, in: Martin Kintzinger/Michael Jucker/u. a. (Hg.), Rechtsformen internationaler Politik. Theorie, Norm und Praxis vom 12. bis 18. Jahrhundert, Berlin 2011, S. 147–164.

Thamer 1990
Hans-Ulrich Thamer, Kultur und Propaganda. Zur Funktion kultur- und kunsthistorischer Ausstellungen in der NS-Zeit, in: Franz-Josef Jakobi/Thomas Sternberg (Hg.), Kulturpolitik in Münster während der nationalsozialistischen Zeit, Münster 1990, S. 17–34.

Thier 1998
Bernd Thier, Die Medaillen, Plaketten und Abzeichen zur 300-Jahrfeier des Westfälischen Friedens in Münster 1948, in: Numismatisches Nachrichtenblatt, 47, Heft 11, 1998, S. 457–465.

Thies/Uesbeck 2004
Kristina Thies/Melanie Uesbeck, Pax Optima Rerum. Die Inszenierung des Friedens, in: Nikolaus Gussone (Hg.), FestGehalten. Feste und ihre Darstellung in Münster, Münster 2004, S. 222–260.

VK Baden-Baden 1995
Die Sammlung der Markgrafen und Großherzöge von Baden, Auktionskatalog der Firma Sotheby´s, Auktion in Baden-Baden 5. bis 21. Oktober 1995, Bd. V, Gemälde und Druckgrafik.

Werland 1978
Walter Werland, Erinnerungen an Wilhelm Bolte, in: Westfälische Nachrichten, 6. 7. 1978.

Wiemers-Borchelhof 1940
Franz Wiemers-Borchelhof, Vom Westfälischen Frieden und seiner Zeit. Zur bevorstehenden Eröffnung der Ausstellung »Der Westfälische Friede« in Münster, in: Westfalen im Bild, 14, Heft 8, 1940, S. 1–6.

Wilson 2017
Peter Wilson, Der Dreißigjährige Krieg. Eine europäische Tragödie, Darmstadt 2017.

Impressum

Diese Publikation erscheint anlässlich der Ausstellung

Ein Grund zum Feiern? Münster und der Westfälische Frieden

28. April – 2. September 2018

im Stadtmuseum Münster

im Rahmen der Ausstellungskooperation

Frieden. Von der Antike bis heute

LWL-Museum für Kunst und Kultur
Bistum Münster
Archäologisches Museum der WWU Münster
Kunstmuseum Pablo Picasso Münster
Stadtmuseum Münster

Katalog

© 2018 Sandstein Verlag, Dresden; Herausgeber und Autoren

Herausgeberin
Barbara Rommé
im Auftrag der Stadt Münster

Katalogautoren
Sabrina Leps (SL)
Astrid Peterkord (AP)
Axel Schollmeier (AS)
Bernd Thier (BT)

Redaktion
Axel Schollmeier, Bernd Thier

Lektorat
Christine Jäger-Ulbricht, Sandstein Verlag

Gestaltung
Michaela Klaus, Jana Felbrich, Joachim Steuerer, Annett Stoy, Jacob Stoy, Sandstein Verlag

Satz und Reprografie
Gudrun Diesel, Katharina Stark, Jana Neumann, Sandstein Verlag

Druck und Verarbeitung
Westermann Druck Zwickau GmbH

Die Deutsche Nationalbibliothek verzeichnet diese Publikation in der Deutschen Nationalbibliografie; detaillierte bibliografische Daten sind im Internet über http://dnb.ddb.de abrufbar.

Dieses Werk einschließlich seiner Teile ist urheberrechtlich geschützt. Jede Verwertung außerhalb der engen Grenzen des Urheberrechtsgesetzes ist ohne Zustimmung des Verlages unzulässig und strafbar. Das gilt insbesondere für die Vervielfältigung, Übersetzungen, Mikroverfilmungen und die Einspeicherung und Verarbeitung in elektronischen Systemen.

www.sandstein-verlag.de
ISBN 978-3-95498-387-2

Bildnachweis

Gotha Landesarchiv Thüringen – Staatsarchiv Gotha (S. 12)
London © The National Gallery, London. Presented by Sir Richard Wallace, 1871 (S. 11)
Münster Stadtarchiv Münster (S. 13, 35, 48, 52, 61, 62 und 63)
Nürnberg Germanisches Nationalmuseum, Nürnberg (S. 16)
Nürnberg Museen der Stadt Nürnberg, Kunstsammlungen (S. 20)

Abb. auf S. 42 nach VK Baden-Baden 1995, Tafel XXII, S. 91
Zeichnung auf S. 44/45 Roger Zerbe (1993)

Alle übrigen Aufnahmen Stadtmuseum Münster: Andreas Reimer und Tomasz Samek

Umschlagabbildungen:
vorne: Detail aus dem Gemälde »Beschwörung des Spanisch-Niederländischen Friedens im Rathaus zu Münster« (15. Mai 1648), Öl auf Holz, nach dem Original von Gerad ter Borch, um 1670, Stadtmuseum Münster, Inv.-Nr. GE-0060-2

hinten: Detail aus dem Gemälde »Die Friedensverhandlungen im Rathaussaale zu Münster 1648«, Fritz Grotemeyer, 1895–1902, vgl. Kat.-Nr. 11, Abb. S. 44